Je sentis tout mon corps et transir et brûler.
Jean Racine

...gendrez. Et Malachie, Il n'y a qu'un Dieu et un
...re de nous tous. Mais en priant ils ne disoient point
...ere, Si quelques uns l'ont fait, c'a été par un instinct
...articulier. S. Chrysost. Sur Abba Pater.

...n Roi s'appelle ~~Joad~~ Joachim, ou grand Prestre Joachim ou
...liachim.

Du haut de nos sacrés parvis. On fit monter S. Jacques
...ere du Seigneur au haut du Temple, pour y déclarer à tout
...peuple ses sentimens sur J.C. Et aussitôt tous ses ennemis
...monterent en foule pour l'en précipiter.

Equivoque de Joad. 1.° Poluite Templum hoc. 2. Martyre
...e S. Laurent. A qui le Juge demanda les Tresors de l'Eglise
quos cum quæreret thesauri Ecclesiæ
Promisit demonstraturum se. Sequenti die Pauperes dum
Interrogatus ubi essent thesauri quos promiserat ostendit
pauperes dicens: Hi sunt thesauri Ecclesiæ... Laurentius
pro singulari suæ interpretationis vivacitate Sacram martyry
accepit coronam. S.t Ambroise de Officiis
my.t Prudence, S. Laurens ~~demande du temps pour calculer~~ toute la somme, A de l'Eglise
S.t Augustin mesme, si ennemi du mensonge loüé à mot.
ita sunt divitiæ Ecclesiæ. Serm. 303.
Dieu a trompé auprès Pharaon. Synops.
Dieu dit à Moise, dites à Pharaon, Dimitte populum meum ut
sacrificat mihi in deserto &c. & Pharaon respond Ego dimittam vos ut
sacrificetis Domino Deo vestro in deserto verumtamen longius ne
abeatis. Une autre fois Pharaon dit Sacrifiez icy. Moise repond, non licitum
...nt vos Dieux. Abominationes Ægyptiorum immolabimus Domino: Donc Dieu veut
faire sortir le peuple tout à fait, et Pharaon ne s'entend-il pas au...

RACINE

jean-louis backès

écrivains de toujours/seuil

Mais j'aperçois venir sa mortelle ennemie...

Le prince est mort. On vient de dire comment. On a décrit son corps défiguré, les traces de sang qu'il a laissées sur les pierres, pendant que le traînaient ses chevaux furieux. Il est mort. Et l'on sait pourquoi. Ce qui l'a tué, c'est la calomnie de Phèdre, la malédiction de Thésée, la sournoise docilité d'un dieu.

Le récit s'achève. Phèdre vient d'apparaître.

Mais j'aperçois venir sa mortelle ennemie [1].

On la distingue dans le lointain. On la voit s'approcher, blême, inéluctable, avec l'extrême lenteur d'un brouillard. Elle avance, elle n'en finit pas d'avancer.

Celui qui aime Racine s'attache à cette image, à celle-ci comme à vingt autres. Il en attend le retour, sur la scène du théâtre ou sur celle de sa mémoire. Il la revoit, il la revit, floue dans le détail, réduite à une figure : une forme voilée, une pâleur qui, de l'horizon, marche vers lui.

S'il a de l'audace, il se prend à rêver sur un vers qui sera prononcé plus tard :

J'ai voulu [...]
Par un chemin plus lent descendre chez les morts [2].

Littéralement, ces mots sont à comprendre comme une périphrase. Phèdre veut dire qu'à une mort brutale elle a préféré un insidieux poison. Mais pourquoi justement le mot « chemin »? Cette marche infinie serait-elle aussi une descente dans l'ombre ?

S'il a de la prudence, s'il craint de s'égarer, l'amateur peut se souvenir que, sur la scène classique, petite, plus profonde que large, encombrée à droite et à gauche par les spectateurs de qualité, on joue près de la rampe, mais on entre par le fond. Et la règle est de n'avancer qu'avec une lenteur extrême :

ainsi le veut la majesté de la tragédie. Le 1er janvier 1677, la Champmeslé apparaissait au fond d'un espace qui ressemblait à un couloir, et qu'elle traversait comme une ombre.

Il y a eu depuis d'autres scènes ; on a renvoyé dans la salle tous les spectateurs, quel que soit leur rang social. Nous avons pris l'habitude de plateaux immenses, presque vides. Mais le mouvement demeure, procession fantomatique qui vient d'un inaccessible ailleurs.

Faut-il énumérer tous ces jeux de scène qui hantent les mémoires, tous ces mouvements, brusques ou retenus, qui animent des corps dans un espace, toutes ces images imprécises, mais rigoureuses ? Il y a un regard cherché, happé, toujours fuyant. Celui de Junie.

> *Quoi! même vos regards ont appris à se taire ?*
> *Que vois-je ? Vous craignez de rencontrer mes yeux [3] ?*

Celui d'Hippolyte.

> *Il suffit de tes yeux pour t'en persuader*
> *Si tes yeux un moment pouvaient me regarder [4].*

Il y a le geste d'Agrippine arrêtant Néron dans sa fuite, celui d'Andromaque se jetant aux genoux d'Hermione, celui de Phèdre arrachant au prince son épée [5].

Comme tous les textes classiques, celui de Racine est pauvre en indications pour le jeu : rien sur la diction, rien sur le décor, à peine, parfois, la mention d'un geste. Mais le comédien ne saurait imaginer n'importe quoi. Il n'a pas même besoin de se livrer à de subtiles analyses, psychologiques ou autres. Ce sont les vers qui le dirigent.

Les jeux existent, quel que soit l'acteur, quelle que soit la mise en scène. Regardons l'acte IV de *Britannicus ;* la scène avec Agrippine impose une totale immobilité ; celle qui suit est une offensive emportée, véhémente, désespérée ; la dernière, une escarmouche, un harcèlement, un enveloppement tourbillonnant.

L'on s'avise d'une étrange difficulté : faut-il les dire abstraits, ces jeux, puisque chacun d'eux se détache, comme une idée, de la multiplicité de ses réalisations ? Mais ne sont-ils pas, de par notre participation imaginaire, persuasivement concrets ? Ce qu'ils animent est corps, et non pas notion. L'idée de corps est-elle visible ?

Pourquoi les illustrations nous gênent-elles ? Parce que leur dessin naïf prête à sourire ? Peut-être, mais surtout parce qu'elles imposent des détails superflus : costumes, meubles, architectures. Il en va de même pour les mises en scène trop riches : elles entravent la perception de la figure, ou idée.

Mais ces jeux sont baignés de discours. Et l'on admet généralement que l'admirateur de Racine est d'abord un passionné de langage. On a raison, sans aucun doute.

Si l'on s'interroge pourtant sur l'effet que produit un vers, on s'aperçoit que rien ne le distingue essentiellement du mouvement imaginaire induit par le jeu de scène.

Car le vers existe, dans sa forme et sa mélodie, indépendamment des voix qui le réalisent. Et cependant il demeure ligne sonore, irréductible à sa paraphrase, résistant à toute opération qui n'en laisserait subsister que le sens.

Ce n'est pas qu'il en soit dépourvu, au contraire. On l'a montré depuis longtemps : ce n'est pas vain bruit de paroles que la célèbre périphrase : *La fille de Minos et de Pasiphaé* [6]. Quand on sait quel rôle joueront ces deux personnages dans l'imaginaire de la pièce, on ne peut juger indifférente au regard du sens la première mention qui est faite de leur nom.

Par là le vers s'apparente encore au jeu de scène, pris dans la chaîne d'une histoire, expliqué, contrôlé, justifié. L'un et l'autre viennent à leur heure, induits par une nécessité dont il peut être rendu compte. C'est pourquoi l'amateur attend leur retour. Et pourtant, sur leur apparition il lui prend envie de s'attarder, comme s'ils valaient pour eux-mêmes.

On oublie trop souvent le rôle que jouent, dans l'appréciation des poèmes, et singulièrement dans celle des tragédies raciniennes, les subtils détours de la mémoire. On suppose que la surprise est toujours celle de l'inconnu, comme dans les romans policiers que l'on ne peut relire si on ne les a oubliés. Mais le lecteur, ou le spectateur, sait ruser avec son propre souvenir, s'offrir la comédie de la naïveté, jubiler de découvrir ce qu'il était pourtant sûr de voir apparaître. En vérité, le spectateur n'est-il pas aussi un peu un comédien, un menteur parfois pris à son propre piège, et de son plein gré, personnage retors, trop compliqué pour que ne viennent pas à s'en émouvoir les moralistes, les confesseurs et les magistrats ?

On parle d'une « musique racinienne ». Peut-être cette expression désespérément vague recevra-t-elle un sens plus rigoureux si l'on songe à percevoir une parenté entre la lecture de poèmes et l'audition d'un quatuor. Cette analogie repose sur la contrainte d'un texte, indépendant de ses interprétations, et sur le souvenir d'un ordre qui commande les retours. Dans les deux cas, il y a, littéralement, rituel.

Mais, dès que le mot est prononcé, on s'inquiète : tout rituel est supposé symbolique ; il devrait renvoyer à une signification. Existe-t-il une signification des textes raciniens ?

Le 20 juin 1664, la troupe de Molière crée *la Thébaïde*. L'année suivante, *Alexandre* est un franc succès. Racine entre, et triomphalement, dans la carrière théâtrale.

Trois cents ans plus tard, l'intelligentsia française célèbre l'anniversaire par un spectacle peu commun : elle se donne un combat de gladiateurs.

La nouvelle Querelle des Anciens et des Modernes fait un certain bruit. Très vite il s'en crée une image, bien digne d'être appelée « mythologique », et parce qu'elle est en grande partie fausse, et parce qu'elle met en jeu de violentes émotions et d'inavouables intérêts. Cette image ne s'est pas encore évanouie, et l'on ne perd rien à la considérer.

Voici donc ce qu'il nous faudrait croire.

Dans un camp, ceux qui sacrifient à l'idole unique, dont le nom est « histoire littéraire ». Ceux qui fouillent les archives, établissent de petits faits, et parlent des amours du poète, de sa généalogie ou de ses relations mondaines, au lieu de lire ses poèmes. Un plaisant les a baptisés « paléo-critiques ». Leur citadelle est à la Sorbonne, dont on suppose que Rabelais l'a décrite une fois pour toutes. Leur champion s'appelle Raymond Picard.

... ou *les Frères ennemis*, édition de 1676 illustrée par Chauveau

F. Chauveau inv.fecit

LA THEBAYDE.

Esther (Comédie-Française, 1918).

Iphigénie (à gauche, Albert Lambert fils dans le rôle d'Achille, vers 1906).

Britannicus (Talma dans le rôle de Néron).

Alexandre (édition de 1801 illustrée par Gerard).

Athalie (Annie Ducaux ; mise en scène : Maurice Escande, décor : Jean Carzou, 1968).

Mithridate (dessin de Chauveau, 1673-1676).

Andromaque (Julia Bartet dans le rôle d'Andromaque, 1902).

Bérénice (Samy Frey ; mise en scène : Roger Planchon, décor : René Allio, 1970)

Dans l'autre camp, ceux qui sacrifient à une idole unique : le texte lui-même et tel qu'en lui-même. Ils ont jeté aux orties la biographie psychologique, et manient des armes nouvelles : la psychanalyse, la sociologie et un structuralisme d'inspiration linguistique. Aussi ont-ils trois corps de bataille, dont les héros éponymes sont Freud, Marx et Saussure, et que dirigent respectivement Charles Mauron, Lucien Goldmann et Roland Barthes. Mais un seul étendard flotte au-dessus de leurs têtes. Il porte : « Nouvelle Critique. »

Chacun des chefs a consacré à Racine un livre. Celui de Goldmann s'appelle *le Dieu caché* (1955) ; celui de Mauron, *l'Inconscient dans l'œuvre et la vie de Racine* (1957) ; celui de Barthes, tout simplement, *Sur Racine* (1963) ; c'est un recueil de trois textes : « l'Homme racinien », « Dire Racine », « Histoire ou littérature », déjà publiés, mais séparément.

Picard, de son côté, a donné *la Carrière de Jean Racine* (1956), un monument d'érudition où il est peu question des tragédies. Il sait aussi faire bref, et c'est par un pamphlet, *Nouvelle Critique ou Nouvelle Imposture*, qu'en 1965 il déclenche les hostilités.

Particulièrement visé, Barthes répond par *Critique et Vérité* (1966), où le nom de Racine est rarement prononcé.

La querelle devient générale, et parce qu'on perd de vue son premier objet, ou son premier prétexte, Racine, et parce que tout le monde s'en mêle. On voit se multiplier articles, livres et colloques. Il n'est si modeste établissement d'enseignement où les professeurs ne se partagent entre traditionalistes et partisans des « nouvelles méthodes ». Les uns crient à la mode passagère et funeste, les autres à l'indécrottable routine.

La querelle tient sa partie dans la tempête qui secoue l'Université, en 1968 et après.

Cette caricature n'est pas, hélas, un pur produit de la fantaisie. Elle habite encore nombre de cervelles et produit de curieux effets. Demandez au premier venu qui a écrit la phrase suivante : « Il semble que le cas de Racine soit spécialement destiné à désespérer les tenants de cette critique qui va de l'homme à l'œuvre [7]. » Il y a peu de chances pour qu'on vous réponde : Raymond Picard. Or la phrase est de lui. Et son œuvre regorge de déclarations analogues.

Et cette autre phrase ? « Même Goldmann, si soucieux de multiplier les relais entre l'œuvre et son signifié, cède au postulat analogique : Pascal et Racine appartiennent à un groupe social politiquement déçu, leur vision du monde *reproduira* cette déception, comme si l'écrivain n'avait d'autre pouvoir que de se copier littéralement lui-même[8]. » De qui ? De Barthes.

Dans la mythologie, la querelle est devenue une lutte entre le Bien et le Mal. C'est une guerre de religion. Dans chaque camp, on tient l'adversaire pour insensé, on accorde du génie au moindre combattant de la bonne cause et l'on révère aveuglément l'union sacrée. Aussi le public, quand bien même il ne prendrait pas parti, croit de bonne foi à l'homogénéité essentielle de l'une et de l'autre critique. Unanimes, les partisans de la tradition, les tenants de la formule « l'homme et l'œuvre ». Unanime la nouvelle critique, malgré la diversité de ses méthodes : l'inter-disciplinarité est gage de cohésion.

Alors pourquoi Barthes fait-il à Goldmann une remarque aussi sévère, si amicale qu'en soit l'expression ? Contre qui Picard prend-il position quand il évoque « cette critique qui va de l'homme à l'œuvre » ?

Tenter d'y voir clair, de détruire le mythe, ce n'est pas songer à faire s'évanouir la querelle, à la métamorphoser en un regrettable malentendu. C'est chercher à déterminer ce qui, par-delà les outrances et les généralisations abusives, était réellement en cause. On pourrait avancer que c'était la question de l'interprétation. Mais, pour le montrer, il faut un long détour.

Paradoxalement, ce détour passe par la biographie de Racine.

Racine naît en 1639, un an après Louis XIV. Bonne famille de province, aisée, bien pourvue en relations. Très tôt orphelin, l'enfant tombe à la charge de ses grands-parents. On l'envoie étudier à Beauvais, puis à Port-Royal.

Ici apparaît, pour le critique, la première tentation. Dans quelle mesure Racine a-t-il subi l'empreinte du jansénisme, dont Port-Royal est le centre ? Le dogme fondamental de cette hérésie est que l'homme ne peut faire son salut si ne l'assiste une grâce que Dieu peut fort bien ne pas lui envoyer. Cette vision du monde ne se retrouverait-elle pas dans les tragédies de Racine, où la nature humaine est corrompue, les passions déchaînées, le salut refusé par le mutisme divin ?

Les Dieux depuis un temps me sont cruels et sourds [9].

Après un séjour à Uzès, renonçant à l'espoir d'accrocher le bénéfice d'un sien oncle, Racine s'installe à Paris et se lance dans la carrière littéraire. Il a vingt-cinq ans lorsque est jouée sa première pièce ; pendant douze années il se consacre au théâtre, donnant neuf tragédies et une comédie. Il s'est fâché contre ses maîtres de Port-Royal, qui voient dans le théâtre une sentine de vices. On le sait lié avec des comédiennes, la Du Parc, la Champmeslé, ses plus illustres interprètes. On peut supposer que sa vie n'est pas fort réglée.

Voilà pour le critique une seconde tentation. Racine, évoluant dans un milieu fort peu dévot, n'a pas pu ne pas connaître certains égarements du cœur et de l'esprit. Dans quelle mesure son théâtre donne-t-il une voix aux diverses passions, peut-être violentes, qu'il a sans doute ressenties ? Oreste est-il Racine ?

On a découvert, il y a près d'un siècle, que le nom de Racine avait été prononcé dans l'enquête à laquelle a donné lieu la célèbre Affaire des poisons. Qu'est-ce à dire ? Racine, « empoisonneur public » aux yeux de Port-Royal, puisqu'il est homme de théâtre, serait-il aussi, mais sans métaphore, un empoisonneur ? Aurait-il l'expérience du crime aussi bien que celle de l'amour ? Est-il Néron ?

Le temps passe. La faveur du roi impose Racine à l'Académie française (1673), fait créer *Iphigénie* à la cour, nomme le poète historiographe officiel. Racine renonce au théâtre.

Ici les tentations se pressent en foule pour assaillir le critique. La première est celle de l'anecdote : *Phèdre* a été victime d'une cabale ; on peut supposer que Racine, dégoûté, s'est détourné de la scène, où il avait connu des succès plus éclatants. Quelle que soit la valeur de cette hypothèse, elle n'a guère d'incidence sur l'interprétation des tragédies. Il n'en va

Juin

Juin

11   passage du Rhin

13   Le Prince d'Orange abandonne l'Issel. Le Roi vient camper à Emmerick et donne au Vicomte de Turenne le commandement de l'armée du Prince de Condé. Le Vicomte de Turenne se saisit du Pont que les ennemis avoient sous le fort. prise de bagages

15   Arnheim capitule. Krotzembourg attaqué

16   Knotzembourg rendu

19   prise du fort de Skink 2000 hommes de garnison par le Vicomte de Turenne Deputés d'Uhrecht viennent au camp devant Skink demandent un passeport. Rochefort défait aux 2000 chevaux. Deputés d'Uhrecht envoié au Roi qu'il se rend et se rend à Dourbourg. Wih attaqué par deux Bourgui et blessé. Le Roi apprend la nouvelle de la reddition du Dauphiné, prise de Dourbourg

2   Le Roi reçoit la nouvelle de la prise de Deventer de Zwol Campen Elbourg Ardervick Hatten Hattet et ammis transgités. Voir S. André à 300 chevaux du Vicomte de Turenne

3

24   Le Roi envoie un renfort à M. qui assiscoit Zutphen. s'apprend du Marquis de Rochefort que les habitans d'Uhrect lui avoient livré 2 de leurs portes. L'evesque de Strasbourg arrive au camp

25   L'Evesque de Munster arrive au camp Le Roi reçoit nouvelles de la prise de Zutphen. prise de Zutphen

27   Le Roi va de Bilom à Ameronge

Juillet

3   Le vicomte de Turenne commence à assieger Nimegue. réduction de Gennep par le chevalier de Plessis 300 hommes de garnison prise de Graf et de suite de 1300 hommes. Election du Prince d'Orange à la charge de General. M. à Uhrect

4   prise de Gennep par le Comte de Chare et Grani par le Chevalier du Plessis. Infanterie de Boldar défaite à Gritbroket

7   Le Roi donne audience aux R d'Hertling

9   10 Le Roi découvre réduction de Nimegue. Siege de Cour 2 dit Soir et reprins Louerden rendu

19   Creve coeur rendu après deux jours de tranchée. Bommel assiegé et pris en deux jours

25   re bu de Neubourg vient voir le Roi à son camp de Boxtel.

Aoust

1   Prise du fort de Kronembourg

pas de même pour une autre tradition, que vient appuyer l'autorité de Louis Racine, le propre fils du poète, et qu'ont retenue de nombreux historiens et critiques, dont Sainte-Beuve : Racine se serait converti ; entendons qu'il serait revenu à une stricte vie de piété et aurait renoncé au théâtre comme à une abomination. S'il en est ainsi, *Phèdre* doit porter les traces de la crise religieuse que son auteur aurait traversée. On pourrait même soutenir, puisque Racine a renoué avec Port-Royal dès qu'il a quitté la scène, que la pièce, plus encore que les autres, doit être d'inspiration janséniste. N'a-t-on pas dit que Phèdre était « une chrétienne à qui la grâce aurait manqué » ?

Alors surgit la tentation suprême : celle de construire, avec toutes les tragédies, une tragédie globale, au déroulement implacable, dont *Phèdre* serait le dénouement et la clé. D'emblée janséniste, un pessimisme s'affirmerait, s'affinerait jusqu'à sa conclusion logique : la détresse du personnage et le renoncement de son auteur. On songe à Shakespeare, et à sa *Tempête;* peut-être aussi à Rimbaud.

Racine est à la cour ; il se consacre sereinement à sa tâche d'historiographe, suivant partout le roi pour noter ses faits et gestes et les transmettre, revêtus de prose harmonieuse, à la postérité reconnaissante. Faut-il regretter la disparition, dans un incendie, de presque tout ce qu'il avait rédigé ? Heureusement pour nous, il eut à exécuter d'autres commandes : deux tragédies à sujet biblique.

Sainte-Beuve et d'autres ont éprouvé une nouvelle tentation, celle de voir dans *Esther* et *Athalie* les chefs-d'œuvre de Racine, puisqu'il avait pu y concilier son amour du théâtre et sa profonde piété.

Racine meurt en 1699, non sans avoir demandé d'être enterré à Port-Royal.

Puisqu'il est question de tentations, nous pouvons en évoquer encore une : à différentes époques, il s'est trouvé des gens pour lire dans les tragédies de Racine des allusions à l'histoire de son temps.

Plus humble que les autres, cette manière de lire obéit aux mêmes mécanismes : comparer l'histoire de *Bérénice* à celle

Musique d'*Athalie* par J.-B. Moreau (1690).

des amours malheureuses de Louis XIV et de Marie Mancini, ou la donnée d'*Athalie* à la situation de Jacques II, roi d'Angleterre, chassé de son trône par la révolution de 1688, c'est prêter à Racine une réflexion sur les devoirs d'un souverain : le poète aurait composé la dernière œuvre pour inciter son roi à intervenir dans les affaires anglaises et à rétablir le monarque légitime. Déjà se dessinerait quelque chose de sa vision du monde, dont son œuvre serait l'expression. Supposer que Racine a peint, crime compris, les passions qu'il avait lui-même vécues, c'est encore poser en principe qu'un écrivain a pour tâche essentielle de communiquer son expérience des choses, de faire entendre comment il a appris à voir le monde. Vouloir enfin que la tragédie racinienne soit d'abord janséniste, c'est se donner, toute prête et développée, la vision du monde dont on croit qu'elle est à la base de toute œuvre.

Dans tous les cas, la pensée du poète est censée dominer l'œuvre et en rendre raison. Notons-le au passage : ce qui est visé, ce n'est pas la pensée du poète en tant qu'il est poète, mais la pensée d'un homme qui se trouve, par ailleurs, écrire des tragédies.

Il nous faut maintenant reprendre point par point cette brève biographie, car bien des éléments en sont contestés. Louis Racine estimait que son père n'avait jamais connu l'amour hors du mariage. D'autres ont soutenu que l'empreinte janséniste n'avait pu être que légère. Beaucoup ont mis en doute la réalité de la conversion. Comme il arrive, la discussion prend l'aspect d'un procès : est-il bon ? est-il méchant ? Au « tendre » Racine, bleu pastel et rose bonbon, tel que l'a peint son fils, on oppose un être méchant, agressif, ambitieux jusqu'au bout des doigts. Depuis la fin du siècle dernier, on aime bien dessiner un Racine féroce.

Le travail de Raymond Picard consistait à établir une biographie aussi rigoureuse que possible. Chose étrange, et regrettable, il se trouve que, pendant deux siècles, les auteurs, et particulièrement ceux qui rédigent des manuels, ont soigneusement recopié la *Vie de mon père*, telle que Louis Racine l'avait publiée en 1747. Or il apparaît non seulement que Louis n'avait que six ans à la mort de son père et que, pour cette simple raison, il est condamné à ne rapporter que ce qu'il a ouï dire, mais encore que son travail a pour but de présenter moins une biographie qu'une hagiographie. A le lire, on dirait parfois que Racine est immortel parce qu'il fut un homme vertueux, et bien qu'il ait écrit quelques tragédies. La critique de ce document douteux suppose la destruction de bien des légendes, l'établissement ou le rétablissement de faits de toute nature ; elle risque d'entraîner de grandes conséquences dans l'interprétation des tragédies. Suivons Picard dans les conclusions de son enquête, fondées non seulement sur une importante collection de documents, mais aussi sur une analyse des mentalités de ce temps-là, si éloignées des nôtres.

Racine a fait carrière ; il le fallait bien : cet orphelin n'aurait pu vivre de ses rentes inexistantes. En choisissant le métier d'auteur dramatique, il n'a pas mal choisi, quelles qu'aient été ses motivations profondes. On pouvait gagner quelque argent, et Racine n'y a pas manqué, pas plus qu'il n'a laissé échapper les bénéfices ecclésiastiques qui sont passés à sa portée. Loin de mener une vie de désordres, il a sagement géré sa petite fortune naissante.

Qu'il ait eu des actrices pour maîtresses, c'est certain. Mais qu'il ait éprouvé pour elles des passions ravageantes, c'est ce qui demeure plus que problématique. En tout cas, s'il avait été sérieusement impliqué dans l'Affaire des poisons, la faveur du roi ne l'aurait pas sauvé des griffes de la justice. Car Louis XIV n'était pas d'humeur à plaisanter avec ce terrible scandale. Racine n'a été qu'à peine inquiété, vraisemblablement à la suite d'une dénonciation en l'air, comme il s'en faisait tant alors.

Et il ne s'est pas converti. Il a été nommé historiographe, ce qui impliquait qu'il cesse d'écrire pour le théâtre. La chose nous paraît incroyable ; nous ne pensons plus que l'histoire appartienne à la littérature. Mais, en ce temps-là, un poète qui passait au service de Clio demeurait un homme de lettres. Depuis le début de son règne, Louis XIV mène une politique de mécène, dont Racine a déjà bénéficié. Mais il ne pense pas que l'existence de grands poètes suffise à rehausser l'éclat de son règne ; il lui faut encore que ces gens-là célèbrent, et directement, et fût-ce en prose, sa gloire à lui. Racine ne peut pas refuser la promotion qui s'offre à lui, car, si bizarre que la chose nous paraisse, c'en est une ; son refus serait sa ruine. A-t-il accepté de gaieté de cœur ou la mort dans l'âme ? Nous ne le savons pas. Et la question est absurde. Il n'avait pas à accepter ou à refuser : il avait à remercier.

Il poursuit donc sa carrière. C'est beaucoup plus tard qu'il se convertira, au moment où son roi en fait autant. Était-il sincère ? Comment le savoir ? Une chose est sûre : jamais il ne s'est désintéressé des abominables productions de sa jeunesse impie. C'est lui-même qui prépare, et non sans soin, l'édition de 1697.

Voilà les conclusions de l'historien. Celles du critique sont aussi nettes : nous ne savons rien de ce que fut la vie de Racine à l'époque où il composa ses tragédies. Nous ne savons rien parce que les documents font défaut. Tout ce que l'on a pu dire est de l'ordre de l'invention, ou a été tiré des pièces elles-mêmes par une induction analogique des plus douteuses. *Phèdre* n'est pas le témoignage d'une crise religieuse qui n'a jamais existé.

On n'ira pas de l'homme à l'œuvre, et tant mieux. Il reste à étudier le texte pour lui-même. Aucune piste ne s'offre à l'interprétation.

Or la nouvelle critique est interprétative. Goldmann reprend la thèse janséniste. Mauron aboutit à la biographie. Bien entendu, les méthodes sont nouvelles, et singulièrement plus élaborées que celles de l'antique biographie psychologique à la Sainte-Beuve ; plus rigoureuses et aussi plus modestes : aucune d'elles ne prétend rendre compte de tout. Mais le projet demeure de trouver, dans un au-delà du texte, un moyen d'en rendre raison. Et cet au-delà sera tout sauf littéraire. Une fois encore, même entre les mains de cet admirable lecteur que fut Charles Mauron, la poésie tend à s'évanouir.

Quant à Barthes, il ne récuse pas l'interprétation, si c'est bien là ce qu'il désigne par « critique de signification [10] ». Mais il demande à cette critique de dire son nom, d'afficher les postulats qui la soutiennent. Il dénonce, dans la critique biographique et psychologique, une inadmissible prétention à l'objectivité : c'est une lecture comme une autre, dont la grille est passablement usée. Pour sa part, il préfère les lectures sociologique ou psychanalytique, qui lui semblent aller « au plus profond [11] ».

Il resterait à savoir si sa propre lecture, celle qui commande « l'Homme racinien », est réellement interprétative. Pour user d'une métaphore sans doute contestable, on dirait qu'elle recherche moins une sémantique qu'une syntaxe. Ce qu'elle fait voir dans Racine, ce sont des structures et des fonctions. Seul le langage est analytique, et à bon droit : car c'est bien aussi de structures et de fonctions qu'il s'agit en psychanalyse, quand on en fait un usage théorique et non thérapeutique.

Une fois de plus, on n'ira pas ici suggérer que Picard et Barthes étaient faits pour s'entendre. Ce qui les sépare est trop visible. Picard tient à la cohérence du texte, à l'unité de son sens ; il se fie, pour l'établir, à la psychologie (celle des personnages, pas celle de l'auteur) et à une exacte recherche sur le sens qu'avaient les mots à l'époque où le texte a été rédigé. Barthes est sensible à la durée d'une œuvre, aux métamorphoses qu'elle subit en fonction de nouveaux lecteurs. Et la langue classique elle-même lui paraît moins rigide qu'on le dit. « En dépit du caractère réputé conventionnel de la langue classique, je crois mal à la sclérose de ses images. Je crois au contraire que cette langue tire sa spécialité (et sa très grande beauté) du caractère ambigu de ses métaphores, qui sont à la fois concept et objet, signe et image [12]. » Sous ses yeux, le texte éclate, le sens tremble.

Nous avons ici autre chose à faire qu'à trancher un ancien débat. La question est aujourd'hui : puisqu'il est souhaitable de revenir au texte, qu'en dire ?

Une suggestion se profile dans un accord, en partie illusoire, sur un mot. Dès 1950, Raymond Picard souhaitait que se construise « une discipline qui, avec même rigueur et même dépouillement, serait à la littérature ce que l'harmonie est à la musique [13] ». Cette discipline, il l'appelait « esthétique, ou, mieux encore, rhétorique ». Dix ans plus tard, Barthes regrettait que soit méconnue la rhétorique classique ; il ajoutait : « C'est tout un découpage du monde que le langage impose, à travers ces figures de rhétorique [14]. »

Là encore, la différence éclate entre les points de vue : l'entreprise à laquelle appelle Barthes est ouvertement historique ; celle de Picard pourrait bien ne l'être que secondairement. Mais peu importe. Ce qui compte, c'est que, sous l'impulsion de Barthes et non sans qu'il mette lui-même la main à l'ouvrage, les études sur la rhétorique ont accompli, en quinze ans, d'importants progrès.

Que peut-on en attendre, s'il s'agit de lire Racine ? Une objection se présente d'emblée : si la rhétorique est une discipline à construire, une esthétique ou, peut-être, une théorie de la littérature, l'analyse des textes a un sens ; elle sert d'expérimentation dans la mise au point de la théorie. Mais si l'on se contente d'exhumer un vieux code, on risque de ne pouvoir rien faire d'autre que d'en vérifier l'application dans les textes, comme on constate que Racine ou tout autre a scrupuleusement observé les règles de la versification. Travail utile, mais stérilisant.

Lorsqu'on a, en France, redécouvert la rhétorique classique, il n'a pas manqué de gens pour croire que l'on tenait là une véritable théorie de la littérature, rigoureusement construite, ou tout au moins, une base solide pour en édifier une. Il a fallu déchanter. La rhétorique classique n'a qu'une apparence de rigueur ; on y trouve, et en grand nombre, des définitions vagues, des préceptes inapplicables, des contradictions plus ou moins habilement cachées. Et l'idée même de précepte est incompatible avec celle de théorie, car toute exception devient faute, et peut donc être négligée. Loin d'être objective, la rhétorique classique repose sur un système de valeurs qui ne dit pas toujours son nom.

Racine a fait sa classe de rhétorique. Il a fort bien assimilé toutes les subtilités de la discipline. Nous ne savons pas comment il s'est dépêtré de ses contradictions, que sans doute il n'apercevait pas. Mais nous pouvons au moins espérer décrire quel choix il a fait dans l'immense arsenal mis à sa disposition. Certes il ne nous a laissé aucun brouillon, aucune description un peu précise de la manière dont il travaillait. Mais, en possession du code qui l'a guidé, nous pouvons étudier la manière particulière dont il l'a appliqué et, peut-être, transformé.

Pour que ce travail puisse être mené, il faudra d'abord bousculer certains dogmes dont les manuels se font les fidèles échos.

LA
RHETORIQUE
OU
L'ART DE PARLER.

Par le R. P. BERNARD LAMY,
Prêtre de l'Oratoire.

Troisiéme Edition, reveuë & augmentée.

PARIS,

Chez ANDRE' PRALARD, ruë S. Jacques,
à l'Occasion.

M. DC. LXXXVIII.
AVEC PRIVILEGE DU ROY.

Il est admis que la tragédie classique, lentement formée entre les mains de Corneille, Mairet et quelques autres, est un outil parfaitement au point lorsque Racine, à son tour, s'en empare. On admire que le jeune poète se soit montré si docile à des règles qui semblaient faites pour lui. Parfois au contraire on s'en indigne, et l'on parle de servilité, non sans rappeler que le poète a fait un excellent courtisan. Le jugement porté ne change rien à un fait : les tragédies de Racine ne ressemblent pas à celles de ses contemporains. Et la différence n'est pas de qualité, elle est de nature. Racine n'est pas un Thomas Corneille qui aurait eu du génie. Pradon n'est pas un Racine manqué. Quand on les lit, on se dit que ces braves gens ne sont pas méprisables ; on a seulement l'impression qu'ils font autre chose. La « tragédie classique » n'est pas une essence simple.

D'autre part, à force de décrire le système dramatique de Racine, le personnage, le monde racinien, on finit par perdre de vue un trait caractéristique du poète : son goût pour l'expérimentation. *Il y avait longtemps que je voulais essayer si je pourrais faire une tragédie avec cette simplicité d'action qui a été si fort du goût des Anciens* (préface de *Bérénice*). *J'ai aussi essayé d'imiter des anciens cette continuité d'action qui fait que leur théâtre ne demeure jamais vide* (préface d'*Athalie*). La tentative faite, dans *Bérénice*, il n'y revient jamais ; dirons-nous qu'elle avait échoué ? Non, mais Racine se lance dans une nouvelle difficulté : une tragédie turque, *Bajazet*. Encore une expérience.

On ne rendra pas justice à Racine si l'on veut mesurer toutes ses tragédies à la même aune, si on l'accable sous ces généralisations abusives que sont le personnage racinien, la conception racinienne de l'amour ou la tonalité propre du tragique racinien. Il fut un temps où l'on déclarait que « *Mithridate* est la plus cornélienne des tragédies de Racine ». Et pauvres collégiens de disserter là-dessus. Quelles étranges catégories, tout de même !

Saisir Racine dans sa variété, la rhétorique dans son hétérogénéité, l'un et l'autre peut-être dans leurs contradictions, voilà notre tâche. Mais une autre question doit également retenir notre attention. Racine a été formé par une discipline qui ressemble à un code de politesse, où les notions d'élégance, de bienséance, de bon goût jouent un rôle non négligeable. On a vanté ou ridiculisé la parfaite tenue de son œuvre.

Mais des commentateurs d'un grand poids en ont aussi, non sans raison, souligné la barbarie, le caractère primitif. Citons encore une phrase de Barthes, non sans remarquer qu'elle fait écho à bien d'autres, signées de critiques plus anciens, de Jules Lemaître à Thierry Maulnier. « Je constate seulement que le théâtre racinien ne trouve sa cohérence qu'au niveau de cette fable ancienne, située très en arrière de l'histoire ou de la psyché humaine : la pureté de la langue, les grâces de l'alexandrin, la précision de la ' psychologie ', le conformisme de la métaphysique sont ici des protections très minces ; le tuf archaïque est là, tout près [15]. »

C'est peut-être faire un peu bon marché de toutes ces « protections ». C'est surtout laisser la question ouverte de savoir comment le primitif peut faire intrusion dans une œuvre aussi contrôlée. Et la psychanalyse ici n'explique rien, car c'est justement un de ses principes que l'inconscient, qui d'ailleurs ne se confond pas avec le primitif, s'exprime par l'anodin.

Racine archaïque ? Mais à quelles conditions ? C'est ce qu'il nous faut tenter d'établir, non sans l'espoir, au passage, de donner un peu de netteté à cette impression de lecture. Car c'est bien de cela qu'il est question. La fureur racinienne, nous l'éprouvons, mais nous ne savons pas même la nommer avec précision. Barbare, primitive, archaïque. Tout cela sent bien un peu sa mythologie romantique, ou plutôt, peut-être, wagnérienne.

Se peut-il qu'un Wölsung ait fait carrière à la cour du Roi-Soleil ?

Qu'attend-elle ? Est-ce vous qui l'avez retardée ?

« Quand il entreprenait une tragédie, il disposait chaque acte en prose. Quand il avait ainsi lié toutes les scènes entre elles, il disait : ' Ma tragédie est faite ', comptant le reste pour rien [16]. » C'est encore à Louis Racine que nous devons cet illustre récit, si souvent recopié par des commentateurs divers. Le doute est de rigueur sur son authenticité. En particulier, l'idée d'un résumé en prose antérieur à toute composition paraît pour le moins étrange. Nous ne savons trop ce que signifie celui qui nous a été conservé ; il pourrait s'agir d'un projet pour une *Iphigénie en Tauride* qui n'a jamais vu le jour. Il suffit de le lire pour convenir que, prononcés à son sujet, les mots : « Ma tragédie est faite », sont déplacés et simplement ridicules.

Mais si la grotesque anecdote rapportée par Louis Racine a pu trouver quelque créance, c'est parce qu'elle ne correspond pas trop mal à la représentation que la rhétorique classique se faisait du travail littéraire : l'essentiel est, un sujet étant donné, de trouver tout ce qui peut en être dit, puis de construire un plan de ce que l'on va dire. Le dessin est premier, la couleur vient ensuite. La couleur, dans les écrits, ce sont les phrases et les mots, dociles serviteurs des pensées.

Lorsqu'il s'agit d'une narration, épique ou tragique, il convient d'abord de faire un plan, de lier les scènes d'une façon stricte. Rien ne nous assure que Racine travaillait effectivement de cette manière, qu'il attendait d'avoir ordonné sa matière pour songer à faire chanter quelques alexandrins. Ce qui est certain, c'est qu'il avait appris dans ses classes à trouver bon que l'on procédât de la sorte.

Comment faire donc pour composer le plan d'une tragédie ? Prenons l'exemple de *Bérénice*, sans oublier ce que cette pièce a d'exceptionnel.

La règle prévoit l'unité d'action, ce qui peut aisément s'interpréter comme une unité de dénouement. Réfléchissant, en 1676, sur son premier essai, *la Thébaïde*, Racine se félicite de n'être pas tombé dans l'erreur de Rotrou, son prédécesseur. *La Thébaïde* raconte la rivalité des fils d'Œdipe et s'achève au moment où les deux princes se sont mutuellement donné la mort. A cette histoire, Rotrou avait joint celle d'Antigone, qui, malgré l'ordre du roi, enterre un de ses frères laissé sans sépulture. Rotrou n'avait pas vu, dit Racine, que cette nouvelle histoire *était en quelque sorte le commencement d'une autre tragédie, où l'on entrait dans des intérêts tout nouveaux* [17].

La simplicité d'action, recherchée dans *Bérénice*, ne se confond pas avec l'unité d'action. Si Racine reproche à Rotrou une *duplicité d'action*, c'est parce que les deux histoires se succèdent, que l'une commence lorsque l'autre est finie. Mais il observe que sa propre tragédie de *Britannicus n'est pas moins la disgrâce d'Agrippine que la mort de Britannicus* [18]. Les deux actions sont ici mêlées et s'achèvent en même temps. Il serait même aisé de soutenir que ce ne sont que deux aspects d'une même action.

Dans *Bérénice*, il s'agit d'éviter cette multiplicité d'intérêts et d'événements, ou, pour le dire avec hyperbole, de *faire quelque chose de rien* [19]. Ce « rien », c'est un seul verbe, le *dimisit* de l'historien latin : Titus renvoya Bérénice. Dans *Britannicus*, la conjonction des deux actions se comprend comme une subordination réciproque : on peut dire aussi bien que la mort de Britannicus est le signe de la disgrâce d'Agrippine ou que la disgrâce d'Agrippine est la condition de la mort de Britannicus. Dans *Bérénice*, il n'y a ni conjonction ni subordination. La simplicité apparaît comme un raffinement, un surcroît d'exigence et de contrainte par rapport à la règle d'unité.

Mais il faut faire quelque chose de rien. Comment développer cette donnée si mince, cet événement unique, si proche du néant ? Racine disposait d'une technique simple qui consistait à faire hésiter son personnage. Cette technique, il l'avait utilisée dans *Andromaque*, il s'en servirait à nouveau dans *Bajazet*. Notons d'emblée combien elle se rapproche d'un

On ne délibère pas, on hésite...
(François Chaumette-Narcisse, Robert Hirsch-Néron dans *Britannicus*, mise en scène : Michel Vitold, décor : Francine Galliard Risler, 1961).

exercice rhétorique bien connu, qui porte le nom de « délibération ». Un orateur expose tous les motifs qui peuvent l'amener à commettre un acte ou à s'en abstenir ; il les pèse, et prend sa décision. Corneille est le maître du genre ; il place un ou plusieurs personnages devant un problème précis, et les conduit à trancher. L'hésitation ne se confond pourtant pas avec la délibération ; celle-ci a un caractère exploratoire marqué, elle apporte toujours du nouveau dans l'argumentation ; celle-là, au contraire, montre une tendance au ressassement : il est rare que, chez Racine, un monologue apporte une conclusion nouvelle.

Titus ne délibère pas, au moins chez Racine. Car, dans le *Tite et Bérénice* de Corneille, Tite a sans cesse à la bouche le mot : « Délibérer. » Chez Racine, dès qu'il paraît sur la scène, le personnage a pris sa décision :

> *Mon cœur en ce moment ne vient pas de se rendre* [20].

On dirait que cet acte important doit être dérobé au spectateur, comme la vue du sang. Lorsque Néron est sur le point de se laisser persuader par Narcisse, il dit seulement :

> *Viens, Narcisse. Allons voir ce que nous devons faire* [21].

Et le rideau tombe. De la même façon, Phèdre ne prend pas la décision de calomnier Hippolyte. Elle remet à Œnone le soin de se déterminer elle-même.

> *Fais ce que tu voudras, je m'abandonne à toi* [22].

Donc Titus entre en scène sûr de ce qu'il doit faire. C'est ce qui a donné occasion à Roland Barthes de supposer que l'empereur était las de sa favorite et souhaitait s'en débarrasser. Cette interprétation a fait hurler. Il est vrai qu'on a quelque peine à l'étayer par une analyse du texte. En général, les interprètes qui usent de psychologie ne font que gloser des paroles prononcées par les personnages sur les autres ou sur eux-mêmes.

Mais surtout l'interprétation pourrait bien être inutile. Ce qui importe, c'est que toute la tragédie soit comprise entre deux événements : la décision et son exécution. Il faut étendre sur cinq actes ce qui sépare la coupe et les lèvres.

Alors intervient Antiochus. Raymond Picard l'a plaisamment baptisé « un confident monté en grade [23] ». La formule n'est pas tout à fait exacte. Car le roi de Commagène est plutôt un messager d'excellente maison.

Le messager est une des utilités de la tragédie grecque, où il demeure anonyme. Dans la tragédie française, aussi bavarde et aussi peu spectaculaire que son aïeule, il n'est pas moins indispensable ; mais il a reçu un nom. Et de fait c'est souvent un confident qui remplit le rôle : Pylade, Albine, Théramène, par exemple. La vraie différence est que le messager antique est souvent un esclave, alors que le confident est un gentilhomme. Un gentilhomme domestiqué, certes, et qui rend toutes sortes de services. C'était une position courante au XVIIe siècle. On appelait cela « être à » M. le Prince ou à tel autre. Antiochus a beau être souverain. Il appartient à

> *Cette foule de rois*

dont parle Bérénice et

> *Qui tous, de mon amant empruntaient leur éclat* [24].

Il tient une place intermédiaire, dans cette hiérarchie d'allure féodale, entre Titus et Arsace, simple gentilhomme. Mais gageons qu'Arsace a lui-même un confident.

Antiochus va donc s'acquitter d'une commission dont l'empereur l'a chargé : faire savoir à Bérénice qu'elle doit partir. Entre la décision et son exécution, la tragédie introduit un événement intermédiaire : la notification à l'intéressée.

Mais l'invention ne s'arrête pas là. Il y a messager, mais il faut que son message soit inutile. Il faut que Bérénice puisse avoir un prétexte à demander des explications. Aussi importe-t-il qu'Antiochus soit plus qu'un comparse, qu'il n'ait pas seulement un nom propre, mais encore une histoire personnelle. Il est amoureux de Bérénice, et il le lui a dit. Ainsi la reine peut-elle insinuer :

> *Vous le souhaitez trop pour me persuader* [25].

Francine Berger-Bérénice, Denis Manuel-Antiochus dans *Bérénice*
(mise en scène : Roger Planchon, décor : René Allio, 1970)

Elle ment ; elle avoue qu'elle ment.

Hélas! pour me tromper je fais ce que je puis [26].

Mais peu importe ; elle a au moins une raison d'en appeler, par-dessus la tête du messager, à celui dont vient le message.

Raisonnons mesquinement : cette invention fournit à Racine près de trois actes ; le premier, où Antiochus avoue son amour ; la scène du second, où Titus reste muet devant Bérénice, parce qu'il songe à faire usage d'un interprète, et le troisième, où Antiochus reçoit sa commission et l'exécute. Rappelons-le : la rhétorique est un ensemble de recettes pour produire du discours, pour faire sortir d'un sujet qui tient en quelques mots un développement qui occupera des pages.

La technique utilisée ici par Racine pourrait emprunter à la tactique le nom d' « action retardatrice ». Elle a un effet important : elle crée un personnage et par là une nouvelle histoire.

Il est inutile de dire que tout ce qui précède n'est qu'une reconstitution schématique et ne prétend nullement découvrir ce que nous ne saurons jamais, à moins d'improbables découvertes : comment Racine, jour après jour, a fabriqué *Bérénice*.

Mais il est incontestable que l'on rencontre dans d'autres tragédies d'autres usages du procédé que nous avons appelé « action retardatrice ». Ce qui est curieux, c'est que l'effet est analogue.

On s'est toujours demandé par quelle raison Racine avait introduit dans la donnée de *Phèdre* le personnage d'Aricie. Les réponses sont connues : si Hippolyte n'avait pas été amoureux, les contemporains l'auraient cru pédéraste. La raison qu'allègue Racine nous paraît étrange, mais tant pis pour nous : si Hippolyte avait été parfaitement innocent, sa mort provoquerait plus d'indignation que de pitié ; or la pitié est, selon Aristote, la passion qu'il faut émouvoir ; donc Hippolyte sera un peu coupable en aimant une femme que Thésée a vouée au célibat, de peur qu'elle n'enfante des prétendants à la couronne, car elle descend des anciens rois d'Athènes. Mais ces raisons n'en sauraient écarter une troisième : Phèdre découvre l'amour d'Hippolyte pour Aricie au moment même où elle va avouer à Thésée que le prince est innocent. Sa découverte lui ferme la bouche et permet à Racine de construire la dernière scène de l'acte IV. Là encore, l'action retardatrice construit un personnage, donc une nouvelle histoire.

L'autre exemple demande un plus long développement, car il a été moins souvent analysé. Dans *la Thébaïde*, un oracle a fait cette prédiction :

> *Thébains, pour n'avoir plus de guerres,*
> *Il faut, par un ordre fatal,*
> *Que le dernier du sang royal*
> *Par son trépas ensanglante vos terres* [27].

Au moment où les deux frères vont en venir aux mains, on apprend que le jeune Ménécée, fils de Créon, donc cousin d'Étéocle et de Polynice, s'est donné la mort sur le champ de bataille, se sacrifiant ainsi pour accomplir l'oracle et rendre la paix à sa ville.

Ce Ménécée n'est pas de l'invention de Racine. Il figurait dans *les Phéniciennes* d'Euripide, dont le poète français s'est inspiré. Mais son histoire y était plus compliquée. Son sacrifice était exigé par Arès pour que soit vengée la mort du dragon autrefois tué par Cadmus ; en expiant ce meurtre, il délivrait sa ville de la guerre, mais il ne mettait nullement fin à la lutte des deux frères. Racine amalgame les deux histoires, au prix d'une bizarrerie généalogique : Ménécée est allié à la famille d'Œdipe, mais ne lui appartient pas. Son père Créon, frère de Jocaste et beau-frère de Laïos, puis d'Œdipe, n'est pas davantage descendant des Labdacides. C'est une hérésie que de lui faire dire :

> *Je suis le dernier sang du malheureux Laïus* [28].

A quoi bon remarquer ces détails oiseux ? Ils ont pourtant leur importance, car ils servent à montrer comment, sur une donnée assez complexe, Racine opère un travail de simplification et de rationalisation. Purement épisodique chez Euripide, l'oracle devient chez lui central. Ménécée fournit une action retardatrice : sa mort arrête provisoirement les hostilités. Une fois de plus, le procédé est lié à l'introduction d'un personnage pourvu d'une histoire. Et même il faut dire que ce personnage n'est rien qu'une histoire, car il ne paraît pas sur scène : on raconte sa mort, et c'est tout.

Pourquoi le retard apporté au dénouement n'est-il qu'un retard ? C'est parce que l'oracle a été mal compris. Ménécée a cru que l'expression « le dernier du sang royal » le désignait, lui, car il était le plus jeune de la famille. En fait, il fallait comprendre que la paix ne serait rendue à Thèbes que le jour où tous les membres de la famille royale auraient péri jusqu'au dernier. Et Racine, implacable, expédie aux enfers Jocaste, Antigone et Créon. C'est prendre bien des libertés avec la tradition ; mais c'est respecter la parole des dieux.

On n'aurait aucune peine à faire voir les raisons psychologiques qui justifient cette tuerie shakespearienne. Le texte les indique avec une suffisante clarté. Tout se passe donc comme si se superposaient, indépendantes mais concourant au même effet, des motivations de deux ordres : les unes, naturelles ; les autres, surnaturelles. Il y a peu de chance pour que Racine ait cru à la véracité de cet oracle ; c'est une parole des faux dieux et, de plus, un accessoire tragique un peu usé. Mais on peut dire que la tragédie y croit ; elle y trouve une logique, une explication satisfaisante à son déroulement. Et, si l'on n'admet pas qu'une tragédie puisse croire, on devra au moins reconnaître que les personnages, eux, ont foi en cette expression de la volonté divine.

Il y a, dans l'*Horace* de Corneille, un illustre exemple d'action retardatrice : le récit du grand combat se fait en deux temps, si bien que, d'abord, le héros est supposé avoir lâchement fui, après quoi il apparaît que cette fuite était une ruse. Que produit l'usage du procédé ? Une réplique que les siècles se sont accordés à trouver sublime

« Que vouliez-vous qu'il fît contre trois ?
— Qu'il mourût »,

et la suite, c'est-à-dire du discours, et fort beau. La construction narrative se met ici au service de l'art oratoire, qui est la face la plus connue de la rhétorique. Il semble qu'il en aille différemment chez Racine, bien que finalement le résultat soit analogue : il y a aussi production de discours, mais il y a, en plus, création de personnage.

Ne cherchons pas à généraliser à partir de ces quelques exemples. Nous risquerions de retomber dans le fameux parallèle entre les deux tragiques, qui est, comme on sait, générateur de beaucoup d'approximations contestables. Attachons-nous plutôt à remarquer que le procédé qui nous occupe semble constamment lié à une difficulté d'interprétation ou à une occultation de la vérité : l'oracle n'est pas clair, le message d'Antiochus provoque le doute, la révélation des amours d'Hippolyte empêche Phèdre d'avouer son secret. On dirait que le dénouement ne peut se réaliser que lorsque a été mis au jour tout ce qui se dissimulait, comme si la vérité absolue avait quelque analogie avec la mort.

Approuvez le respect qui me ferme la bouche

Il existe, pour retarder le dénouement, un autre procédé que la création de personnages dont l'intervention détourne provisoirement le cours de l'action. Il consiste en une réticence du personnage principal à dire ce qu'il sait être la vérité. Les exemples ne sont pas rares.

On peut voir dans *Bajazet* une longue négociation, où la mauvaise foi joue le premier rôle. Roxane veut couronner le prince, à condition qu'il l'épouse ; Bajazet veut être sultan, mais sans avoir à épouser. Deux solutions s'offrent à lui : ou bien feindre un amour qu'il n'éprouve pas, ou bien tenter de convaincre l'adversaire que le mariage n'est pas indispensable. Pour des raisons que nous étudierons plus loin, Racine dérobe au spectateur la scène où Bajazet fait à Roxane une cour contrainte. En revanche, il développe assez largement la discussion désespérée où le jeune homme, conscient de sa faiblesse, cherche à persuader, et au fond à tromper, celle qui a sur lui pouvoir de vie et de mort.

Cette scène liminaire de l'acte II relève au premier chef de la rhétorique dans son sens le plus étroit. Bajazet y fait usage de ces nobles artifices qui donnent à la parole un pouvoir contre la force brutale et qui permettent de faire apparaître sous son meilleur jour une cause que d'aucuns pourraient trouver douteuse. Il plaide, mais dans la gêne. Car il ne peut pas tout dire ; il ne peut pas dire à Roxane : Je ne vous aime pas, c'est Atalide que j'aime. Comme tout rhéteur, il doit tenir compte de son public et des passions qui l'agitent. Si la rhétorique existe, c'est parce que la parole ne s'adresse pas toujours à des sages que l'on pourrait convaincre par d'impeccables raisonnements. Certes l'orateur raisonne, mais il doit songer à fonder son argumentation moins sur des vérités que sur les opinions, droites ou non, qu'il sait être celles de ses auditeurs. Et il lui faut aussi séduire, émouvoir, par tous les moyens. On trouve, chez les théoriciens de l'art, toute une doctrine du mensonge bénéfique : sincèrement convaincu qu'il défend une cause juste, l'orateur peut mettre au service de sa vérité tous les prestiges de la technique, y compris la dissimulation. L'essentiel est qu'en définitive il soit cru. On répète à n'en plus finir l'histoire de la coupe aux bords enduits de miel : vous ne persuaderez pas logiquement l'enfant malade que l'amère potion lui fera du bien ; il ne sait pas voir, sous l'apparence désagréable, la vertu thérapeutique du médicament ; sucrez donc la préparation. C'est un principe fondamental de la rhétorique que de tenir les auditeurs pour des enfants. On fait souvent mine de l'oublier.

Il se rencontre, dans *Phèdre*, une admirable scène d'argumentation qui prouve à elle seule, si besoin en était, que Racine maîtrise parfaitement l'art du discours. Accusé par Œnone, et avec la permission de Phèdre, Hippolyte tente de se justifier devant son père. Comme Bajazet, il est gêné, car il ne pense pas pouvoir révéler la vérité : c'est Phèdre qui l'a requis d'amour, et non le contraire. Alors il raisonne. Il fait appel aux vraisemblances psychologiques, dessine son propre portrait, esquisse celui de la reine. Il accumule les syllogismes, en se gardant bien de les exposer tout au long, selon le lourd schéma des logiciens : A est B, or B est C, donc A est C. Lui aussi, il a suivi une classe de rhétorique ; il sait varier agréablement l'expression d'une pensée trop sèche, il manie l'enthymème. Il se contente de dire :

Quelques crimes toujours précèdent les grands crimes [29],

et sait très bien que l'auditeur, consciemment ou non, suppléera ce qui manque : or je n'ai jamais commis de crimes, donc je n'ai pas commis un grand crime.

Notons une fois de plus que cette fameuse psychologie, dont les commentateurs se sont si longtemps enivrés, n'est pas une invention tardive ; elle figure dans le texte même de nos classiques comme une pseudo-logique à partir de laquelle on peut argumenter. Connaître le caractère d'un individu, c'est se donner les moyens de prévoir ce qu'il peut faire ou, dans le cas présent, de déduire ce qu'il peut avoir fait. Employés à propos de Racine, les mots de « psychologie » ou de « personnage cohérent » sont des anachronismes. Pas ce qu'ils désignent.

La réticence du héros fait traîner les choses en longueur, retarde le dénouement, et fait, dans cette vue, un usage massif de la rhétorique. Il semble que l'on n'argumente jamais si bien que lorsqu'on ment.

Il est encore, dans l'économie du drame, une autre manière de gagner du temps. Elle consiste à rompre un entretien où la vérité risquerait d'être révélée. L'exemple le plus frappant est peut-être la première rencontre entre Agamemnon et sa fille, au deuxième acte d'*Iphigénie*.

Là, en apparence, point de rhétorique, au moins aux yeux de qui confondrait encore rhétorique et éloquence ronflante. Agamemnon ne s'exprime qu'en phrases très brèves. Il est vrai que, pour sa part, Iphigénie développe bravement des platitudes avec cette naïveté vaguement ridicule qui caractérise souvent les confidents. Il s'en faut de peu qu'elle ne dise : « Quoi, Seigneur ! » En tout cas, elle développe. Son thème est : vous êtes heureux et moi aussi. Elle l'amplifie. Il y a pour cela mille techniques.

Quant au roi, il se contente de remarques isolées, rompues par les interventions de sa fille, qui ne semble pas les entendre. Aussi est-ce le plus souvent à lui-même qu'il parle.

> *Grands Dieux! à son malheur dois-je la préparer* [30] *?*

Mais lorsque ce qu'il dit peut être entendu par Iphigénie, il continue pourtant de s'adresser à un autre auditeur, qui saurait à quoi s'en tenir. On parle du sacrifice que prépare Calchas. On demande :

> *Verra-t-on à l'autel votre heureuse famille?*

On le presse de répondre, de ne pas rompre le dialogue :

> *Vous vous taisez?*
>
> > *Vous y serez, ma fille* [31].

Et il quitte la scène.

Ces cinq mots si simples comportent une figure, recensée dans les traités sous le nom d' « équivoque ». C'est la figure qui se trouvait déjà utilisée dans l'oracle de *la Thébaïde*. Une phrase unique prend deux sens différents selon le contexte dans lequel on l'interprète. Deux auditeurs qui n'ont pas les mêmes informations la comprendront de deux manières distinctes, voire, d'un certain point de vue, opposées. La phrase d'Agamemnon, si lourde d'un sens funeste, paraît anodine à Iphigénie. C'est que, une fois encore, il faut d'abord retarder le dénouement, donc cacher à la princesse et à sa mère la véritable nature du sacrifice, comme, plus tard, on s'efforcera, mais en vain, de cacher aux Grecs que le roi s'est résolu à faire fuir sa fille. L'équivoque sert ce dessein.

Mais c'est une figure bien étrange, qui dit la vérité sous couleur de la taire, qui parle pour n'être pas comprise. D'autre part, c'est un procédé qui doit son existence à l'imperfection du langage, qu'elle affiche de la plus impertinente façon. L'a-t-on assez louée, chantée, célébrée, la clarté de la langue française ? Racine est justement l'un des témoins que l'on cite le plus volontiers pour étayer cette thèse outrageusement cocardière.

Revenons sur l'équivoque de l'oracle. Elle repose sur un seul mot : « le dernier ». On est là à deux doigts du calembour.

De qui est le vers :

Ses rides sur son front gravaient tous ses exploits ?

Ou bien il est de Corneille, et « exploits » signifie « hauts faits ». Ou bien il est de Racine, dans *les Plaideurs*, et l'exploit est un acte de procédure [32]. Ce calembour n'a pas de conséquences tragiques ; nulle vie ne dépend de son interprétation et il ne sert pas à retarder un dénouement. Mais il est tout de même curieux, presque inquiétant, que le même fonctionnement linguistique produise des effets aussi opposés. Il y a là un scandale qui mérite examen.

Notons simplement, en passant, que la différence est moindre qu'il ne semble. Car, pour nous en tenir aux seuls exemples évoqués, ils ont tous en commun de viser une victime. Certes, Corneille est seulement égratigné, alors qu'Iphigénie risque sa vie. Mais enfin, partout, l'agression est patente. Freud est, là-dessus, disert et convaincant.

Pour le scandale, il tient à ce que la rhétorique prévoit, dans son arsenal, des procédés qui vont contre sa finalité avouée ; l'art du discours va-t-il enseigner à mentir ? Pire encore, va-t-il donner les moyens de dire à la fois la vérité et son contraire ?

La réponse est intéressante, parce qu'elle se présente sous la forme d'un interdit, et d'un interdit fondé sur un irrationnel, le goût. Dans la préface des *Plaideurs*, Racine se félicite d'avoir su éviter *ces sales équivoques* qui déshonorent tant de comédies. Entendons par là qu'il a fui les calembours obscènes. Mais rien, dans le fonctionnement linguistique, ne distingue certaines gauloiseries de la parole à double entente. Or le procédé est parfois utile.

S'il a quelque douceur, n'osez-vous l'essayer [33] *?*

On recommandera seulement de n'en abuser point.

Et la question est d'importance, car nombre de figures de rhétorique reposent, comme le calembour, sur le fait que les mots ont presque tous plusieurs sens. C'est le cas des figures de mots proprement dites : métaphore, métonymie, synecdoque. On dit « flamme », il faut comprendre « amour » ; « fer », c'est « épée » ; « voile », c'est « bateau ». La syllepse, qui répète dans une même phrase le même mot dans deux sens différents, est au fond un calembour :

Un père en punissant, Madame, est toujours père [34].

Que faire, lorsque les mots semblent ainsi se rebeller, échapper à la pensée ? Il n'y a que deux moyens : ou bien formuler des règles pour l'interprétation ; ou bien recommander la prudence. Légiférer, ce n'est pas découvrir des lois scientifiques.

Aussi bien la rhétorique n'est-elle pas une science, une théorie du discours. C'est un ensemble contradictoire de recettes. On souhaite passionnément que l'orateur en fasse bon usage. Dans certains cas, s'il fait fi des bons conseils, on n'a d'autre arme contre lui que la réprobation morale. S'il fait une erreur de raisonnement, on pourra dire exactement en quoi elle consiste, expliquer pourquoi c'est une erreur ; le maître de rhétorique s'est annexé la logique. Mais devant une métaphore vicieuse, il ne peut que fulminer ; c'est son goût qui décide, et non sa raison.

Jusqu'où peut-on ruser avec la rhétorique ? On a parfois l'impression que Racine s'est délibérément posé la question. Impression toute subjective, fantasmagorie pure. Car il n'avait pas besoin de cette lucidité.

Construire une tragédie, dans l'unité d'action, c'est organiser une histoire pour faire attendre un dénouement justifié. C'est embrouiller un nœud gordien qui sera tranché par l'épée du malheur. Il suffit que le conflit initial soit insoluble, ou qu'il évolue logiquement vers une issue funeste. C'est sur ces bases qu'ont travaillé les classiques, le grand Corneille et son jeune frère, Tristan, Mairet, Rotrou, Quinault. Parfois, seulement, leurs pièces finissent bien.

Il semble que Racine ait une préférence pour les situations où fleurit l'équivoque, où le conflit surgit entre des apparences et une réalité. Les personnages n'en finissent pas de révéler des secrets, de se heurter à de nouvelles réticences. On sait que, chez lui, les expositions, au sens technique du terme, sont brèves, marquées d'une élégance toute mathématique. Mais on pourrait dire, peut-être, en jouant sur la signification du mot, qu'elles ont tendance à ne s'achever qu'avec la pièce. Ce que Roxane attend, c'est moins une décision de Bajazet qu'une lumière sur son étrange comportement. Et quand la lumière se fait, elle tue. Ce que cherche Athalie, c'est un simple renseignement : qui est cet enfant qu'elle a vu en rêve et qu'elle retrouve dans le temple ? Quand enfin elle sait, elle meurt.

La rhétorique couvre tous les mensonges. C'est la logique qui parvient à se distinguer de la sophistique. L'art du discours y est impuissant, sauf par un coup de force ; il lui faut protester qu'il n'a rien à voir avec ces faiseurs de drogues, car, pour lui, il se contente de déposer du miel sur les bords de la coupe.

Athalie dure cinq actes parce que le grand prêtre sait mentir. Il y a de pieuses fraudes.

Absente je vous trouve

Parmi les innombrables figures que recense la rhétorique, il en est une dont le nom n'est pas moins bizarre que la définition : l'hypotypose. Roland Barthes, en indiquant de quelle importance est cette figure dans les tragédies de Racine, ne manque pas de citer un bon auteur, le P. Lamy, et son étonnante formule : dans l'hypotypose, « l'image tient lieu de la chose ». Barthes commente : « On ne peut mieux définir le fantasme [35]. » Qui le contestera ?

D'un point de vue historique, l'hypotypose est pleine d'enseignements. Considérons sa définition la plus courante : une description si vive que l'on croit avoir sous les yeux l'objet représenté. Il faut se rappeler que la rhétorique est une discipline scolaire, qu'elle donne lieu à exercices pratiques. Une question se pose aussitôt : à quel critère précis peut-on, dans la lecture des bons auteurs, distinguer l'hypotypose de la simple description ? Qui assurera le disciple que telle description de Virgile est assez vive pour mériter un nom particulier, et quelque peu grotesque ? Inversement, lorsque l'élève sera invité à produire lui-même des figures de ce nom, qui lui garantira qu'il a été assez vif ?

Ce cas n'est pas unique dans l'univers de la rhétorique. Nombreuses sont en effet les définitions vagues, fondées sur une incontrôlable impression. Plus nombreuses encore, celles qui, à partir d'un exemple supposé clair, invitent à une généralisation dont on ne sait trop comment elle se fera. On hésite parfois dans l'application des notions les plus courantes. Phèdre dit à Vénus :

Ton triomphe est parfait; tous tes traits ont porté [36].

Dire que « traits » est mis pour « flèches », c'est relever une synonymie et non une figure. Si l'on estime que les traits désignent les atteintes de l'amour, parce que la flèche est poignante comme une émotion, on parlera de métaphore. Si l'on observe que les traits sont les signes habituels du dieu Amour, fils et intermédiaire de Vénus, on préférera interpréter la figure comme une métonymie. On se reporte aux exemples canoniques, au « feu », au « fer » ; on cherche des ressemblances ; on en trouve.

Certains auteurs ont donné de l'hypotypose une définition restrictive, et utilisable. Elle se réduirait au changement de temps verbal dans un récit : on abandonne le passé pour le présent. Racine fait de ce procédé un usage fréquent, en particulier dans les grands récits ornés qui interviennent au dénouement de ses pièces. Ainsi dans *Iphigénie :*

> *Entre les deux partis Calchas s'est avancé [...]*
> *Vous, Achille, a-t-il dit, et vous, Grecs, qu'on m'écoute.*

Quinze vers plus loin, quand s'achève le discours du prêtre, le récit reprend au présent : *Ainsi parle Calchas* [37]. Visible à l'analyse, le procédé est estompé par la transition. Mais il s'en faut de beaucoup que tous les auteurs soient d'accord sur cette réduction. Ils parlent d'hypotypose à propos de descriptions où l'on n'observe aucun changement de temps.

Le passage au présent n'est pas dénué de signification ; on dirait que le narrateur, emporté par son sujet, se sent subitement contemporain de l'événement passé qu'il rapporte, comme s'il avait encore sous les yeux ce dont il s'est éloigné pour venir en parler. Suppose-t-on que, par sympathie, par instinctive identification, l'auditeur sera, lui aussi, victime d'une hallucination légère, mais efficace ?

On le suppose, et c'est Racine lui-même qui nous l'apprend. Pendant son séjour à Uzès — il a à peine plus de vingt ans —, il annote *l'Odyssée*. C'est encore un travail scolaire ; les remarques qu'il fait déçoivent le lecteur moderne par leur banalité, et parfois leur naïveté, pour ne pas dire pis. De fait, quand il ne se livre pas à une pure paraphrase, le jeune homme, le plus souvent, transcrit divers commentateurs. C'est pourquoi le document peut être précieux ; c'est un témoignage sur les

48

méthodes de lecture que Racine avait apprises beaucoup plus que sur son génie personnel.

Au chant IV, il note : *Cependant Hélène descend de son appartement; Homère décrit admirablement son arrivée; et, sans mentir, c'est un plaisir de voir comme il s'entend à faire une description. Il remarque les plus petites choses, et les fait toutes paraître devant les yeux; ainsi on croit voir arriver Pénélope avec toute sa modestie, quand il décrit qu'elle vient* [38].

premier. Cependant Elene descend de son apartement.
Homere descrit admirablement son arrivée. Et sans
mentir c'est un plaisir de voir comme il s'entend a
faire une description .. Il remarque les plus petites
choses, et les fait toutes paroistre devant les yeux -
Ainsi on croit voir arriver Penelope auec toute sa
modestie quand il descrit qu'elle vient. Et icy on
voit Helene paroistre auec eclat et auec majesté
quoy qu'il la descriue en mesnagere.

Ἐκ δ'Ἑλένη θαλάμοιο θυώδεος ὑψορόφοιο
ἤλυθεν Ἀρτέμιδι χρυσηλακάτῳ εἰκυῖα.

Parce qu'elle vient il la compare a Diane
Qu'une de ses femmes nommée Adreste luy apporte un
siège, l'autre nomée Alcippe met un carreau dessus

Homère raconte au passé ; il nomme les servantes d'Hélène et les objets qu'elles apportent : un siège, un napperon, une corbeille d'argent, une « quenouille garnie d'une laine violette ». En décrivant l'arrivée de Pénélope (chant I, vers 330), il donne presque autant de détails. Que la description soit précise, on l'accordera volontiers, encore que, comme on sait, aucune peinture verbale ne puisse être complète. Mais de là à dire qu'« on croit voir » arriver Hélène ou Pénélope, il y a peut-être une marge. Ou alors il faut les yeux de la foi.

Cette simple remarque entraîne deux questions : quelle est la place, dans la rhétorique, de ce que nous appelons le concret ? Et quel est le rôle de la croyance ?

Nous l'avons déjà vu : le rhéteur ne doit pas seulement savoir construire des raisonnements solides, propres à convaincre des esprits pondérés ; il doit aussi, pour tenir compte de ce qu'est en réalité son auditoire, se plier à ses opinions, fussent-elles douteuses, et tenter d'émouvoir ses passions. Laissant à la philosophie le vrai, la rhétorique s'occupe du vraisemblable, c'est-à-dire de ce qui est tenu pour vrai.

Mais l'opinion, versatile, non raisonnée, est inférieure à la connaissance. Sa dignité peut venir de ce qu'elle est partagée par le grand nombre ; ainsi est-elle encore supérieure à la passion aveugle, d'où elle tire pourtant son origine ; car la passion est le plus souvent le fait de l'individu, et s'attache à son objet proche.

Ainsi se construit, dans la rhétorique, une hiérarchie simple dans son principe et multiple dans ses applications.

Le sage est celui qui est capable de tenir un discours rigoureux, de critiquer les opinions, de dompter ses passions. L'orateur, supposé sage, s'entend, de plus, à mettre opinions et passions au service de la vérité. Aussi sa méthode consiste-t-elle à revêtir une pensée aussi bien liée que possible, étayée sur des opinions honorables, d'une expression propre à charmer les passions. Il convainc, il persuade, il séduit.

Où figure ce que nous appelons le concret ? En bas de l'échelle. C'est ce qui est accessible aux sens, au corps, ce qui est multiple, divers, éparpillé. C'est aussi le lieu de l'erreur, de l'illusion. Dans le discours, ce sont les mots, partie matérielle du langage. Pour émouvoir les passions, qui ont partie liée avec le corps, il faut jouer des mots, et parfois avec les mots, quelque répugnance qu'on éprouve à le faire quand on est sage. Il faut jouer avec les sonorités, cette partie la plus matérielle d'un élément matériel : c'est la rime, l'allitération et autres figures. Il faut jouer avec les sens, et ce sont ces nouvelles figures au nom illustre : métaphore, métonymie, ironie, allégorie, etc.

Il faut donner à voir. Quand l'orateur use-t-il de l'hypotypose ? Peut-être au début de son discours, dans la narration, quand il rapporte les faits. Mais plus sûrement à la fin, lors de la péroraison, lorsque, par un dernier effort, il cherche à enlever son auditoire ; il montre alors la pauvre victime, la famille éplorée. Il la montre aux yeux de la croyance ; tant mieux s'il peut la présenter elle-même aux yeux du corps.

> *Venez, famille désolée;*
> *Venez, pauvres enfants qu'on veut rendre orphelins* [39].

Qu'importe ici l'orateur ? C'est le poète qui nous préoccupe. Mais les préceptes rhétoriques, d'abord destinés à l'art oratoire, régissent toute sorte d'écrit, poésie comprise. La poétique ne vient qu'ajouter de nouveaux préceptes : lois du vers, des genres littéraires. Le poème se recommande par une particulière profusion de ces ornements qui parlent aux yeux et émeuvent les passions. Il faut évidemment que la profusion soit modérée par la raison et, de préférence, mise au service d'une honnête pensée.

La véritable question est celle de savoir ce qui se passe lorsque le discours poétique est mis non plus dans la bouche d'un auteur, mais dans celle d'un personnage. Autrement dit, à quoi sert la rhétorique dans la tragédie ?

Chez la plupart des tragiques, grands ou petits, on pourrait dire, sans trop exagérer, qu'elle sert à développer. On détermine quelle doit être la pensée d'un personnage donné dans une situation donnée, et l'on construit un discours. C'est peut-être ainsi que travaillait Racine. On a pourtant l'impression, mille fois exprimée, que ses tragédies ont moins que celles des autres un caractère oratoire. Si cette impression est justifiée, comment en rendre compte ?

La réponse passe par un long détour, qui met en jeu ce que nous appelons « mythologie » et que Racine nommait plus brièvement *la fable*. « Fable » a du rapport avec « fabuleux ». C'est erreur ou mensonge. Ne nous hâtons pas trop de dire que, pour un chrétien, il n'y a que fausseté dans les légendes antiques. Car il y avait déjà bien longtemps que les païens s'étaient posé des questions.

L'éducation d'un Racine fait appel à deux traditions en partie ennemies, et les amalgame comme elle peut. Mais on aurait tort de croire que la tradition antique est elle-même parfaitement homogène. Sur la question des dieux, en particulier, elle présente d'assez notables divergences.

Ces légendes qu'Homère rapporte naïvement, auxquelles il croit sans doute, plus d'un penseur grec, par la suite, les jugera condamnables, du double point de vue de ce qu'il paraît anachronique de nommer la bienséance et la vraisemblance.

Lorsque Corneille fait dire à son Polyeucte :

> « Des crimes les plus noirs vous souillez tous vos dieux ;
> Vous n'en punissez point qui n'ait son maître aux cieux :
> La prostitution, l'adultère, l'inceste,
> Le vol, l'assassinat, et tout ce qu'on déteste [40] »,

il retrouve, à travers les Pères de l'Église, les paroles mêmes de Xénophane, un présocratique. Et l'on sait pourquoi Platon bannit les poètes de la cité.

Il existe des païens pieux, ne serait-ce que ce Plutarque dont, à seize ans, Racine lit et annote presque tous les livres. Il existe des païens qui essaient de concilier leur respect pour le divin et leur horreur devant tant de traditions incroyables ou choquantes. Leur méthode préférée rendra acceptable, même pour un chrétien, l'étude de la mythologie et son usage poétique. C'est une technique rhétorique. Elle s'appelle l'allégorie.

L'allégorie n'est pas uniquement, comme on le croit souvent, la personnification, la Renommée aux cent bouches. Le mot a un autre sens : il désigne alors un procédé de lecture qui permet de découvrir derrière un récit, une description, donc derrière une image concrète, une vérité plus relevée, le plus souvent immatérielle. Elle naît au Vᵉ siècle avant notre ère, avec la rhétorique et la réflexion critique sur les traditions religieuses. Il y a plusieurs façons de l'utiliser.

Soit un récit incroyable. On dit que Thésée est descendu vivant aux enfers, pour aller enlever la reine de ces sombres lieux, qu'il y est resté quelque temps en prison et qu'il a été délivré par Heraklès. Il faut croire que la tradition a déformé un fait réel. Plutarque, s'appuyant sur diverses autorités, admet que Thésée est allé dans un lointain royaume, dont le souverain s'appelait, par hasard, Aïdoneus (c'est un autre nom de Pluton) et la souveraine Perséphone. Cette interprétation, on le note, va du concret au concret, et du particulier au particulier : un dieu est remplacé par un roi, un lieu par un autre. Mais la vraisemblance est sauve. On sait que Racine a suivi Plutarque dans cette interprétation du mythe.

Soit un récit scandaleux, celui des amours adultères d'Arès et d'Aphrodite qu'Héphaïstos, mari trompé, prend au piège d'un filet sur le lieu même de leurs ébats pour les exposer au rire de tous les autres dieux. L'histoire est à ce point choquante qu'on s'est refusé à croire que le divin Homère pouvait en être l'auteur. Si on ne la récuse pas, comment l'expliquer ? Racine annote le passage, sans paraître particulièrement scandalisé. Après tout, c'est une histoire de faux dieux. Il glisse pourtant, au milieu de sa paraphrase, quelques remarques naïves, presque sottes, qui méritent attention. Arès a comblé Aphrodite de cadeaux. *Cela montre*, écrit Racine, *que c'est depuis longtemps que les femmes se laissent aller aux présents* [41]. Seul de tous les dieux, Poséidon ne rit pas. C'est qu'il est sérieux, puisqu'il est dieu de la mer ; les marins sont tous des gens sérieux.

Billevesées, pauvretés, empruntées peut-être à un commentateur sans génie. Mais instructives par leur démarche : le mythe est un exemple, fictif, qui illustre des vérités générales.

Éole enferme les vents dans une outre et les donne aux compagnons d'Ulysse qui, par sottise, les délieront, provoquant une tempête funeste. *Ce passage se peut appliquer aux mauvais chrétiens, à qui Dieu donne des grâces pour les conduire au salut; mais ils périssent par leurs propres fautes* [42]. Homère n'y aurait pas pensé.

Ceux de ses interprètes antiques qui ont usé de l'allégorie morale avaient parfois plus d'astuce ; ils ne procédaient pourtant pas autrement. On sait à quoi tout cela aboutit. Dites : Bacchus, on comprendra : le vin. Vénus ? L'amour. Et voilà comment l'allégorie devient personnification.

L'intérêt de cette méthode, c'est que, contrairement à la technique évhémériste appliquée par Plutarque à l'histoire de Thésée, elle laisse subsister la lettre même du récit mythique. Lorsque Phèdre parle de Vénus, vous êtes libre de comprendre : l'amour. Mais vous lisez ou entendez : Vénus. Sans doute Phèdre croit-elle à l'existence de la déesse comme, dans *la Thébaïde*, tout le monde croyait à la véracité de l'oracle.

Il y a une curieuse histoire d'oracle dans *Alexandre*, la seconde tragédie de Racine, cette pièce qui a eu, en son temps, un grand succès et que nous ne lisons plus guère. Remarquons tout d'abord que depuis *la Thébaïde* nous avons changé d'époque : l'histoire des frères ennemis se place en des temps très anciens, presque fabuleux ; Alexandre a été l'élève d'Aristote. Un oracle a déclaré qu'il était le fils de Zeus. Faut-il le croire ? Quelques siècles après, Plutarque sera méfiant, et il se persuade que le conquérant lui-même était sceptique.

Un envoyé d'Alexandre est venu sommer deux rois indiens de faire leur soumission. L'un d'eux, Porus, décidé à résister, évoque la lâcheté de tous ceux qui, jusque-là, ont plié.

> *Et leur crainte écoutant je ne sais quels oracles,*
> *Ils n'ont pas cru qu'un Dieu pût trouver des obstacles.*
> *Mais nous, qui d'un autre œil jugeons des conquérants,*
> *Nous savons que les dieux ne sont pas des tyrans ;*
> *Et de quelque façon qu'un esclave le nomme,*
> *Le fils de Jupiter passe ici pour un homme* [43].

La rhétorique est ici subtile, dans l'art de construire et de masquer des raisonnements. Mais ne retenons qu'un détail. Celui qui croit à l'oracle mérite le nom d'esclave. Le mot est dur. Il pourrait bien figurer une insulte pour l'autre roi, enclin à la conciliation. Mais il faut aller plus loin, le mettre en relation avec celui de « crainte », et même le prendre au sens propre. Dans un siècle éclairé, seule la lie du peuple peut encore ajouter foi aux oracles. La canaille est peureuse ; voyez Thersite, dans Homère.

Revenons à Thésée. Nous savons bien qu'il n'est allé que dans un lointain royaume. Mais quand on apprend sa mort, quand Aricie demande des détails, Ismène lui fait une bien étrange réponse. Ne l'oublions pas : Aricie est une princesse de sang royal ; sa confidente n'appartient pas au peuple. Elle dit :

> *On sème de sa mort d'incroyables discours.* [...]
> *On dit même, et ce bruit est partout répandu,*
> *Qu'avec Pirithoüs aux enfers descendu,*
> *Il a vu le Cocyte et les rivages sombres,*
> *Et s'est montré vivant aux infernales ombres.*

Aricie enchaîne :

> *Croirai-je qu'un mortel, avant sa dernière heure,*
> *Peut pénétrer des morts la profonde demeure* [44] ?

Soyons net : aucun de ces deux personnages ne met en doute l'existence des enfers et de leurs fleuves. Nous sommes dans une époque ancienne, où la chose ne fait aucun doute. L'objet de la question est la possibilité pour un humain de se rendre vivant dans le monde souterrain. Aricie se refuse à croire cette invraisemblance. On dirait qu'il y va de son rang. Et Ismène prononce le mot « incroyable ». Est-ce parce qu'elle appartient à la cour ?

Un phénomène du même ordre se rencontre à la fin d'*Iphigénie*. Une tradition, représentée par Euripide, voulait que la princesse ait échappé au sacrifice parce qu'Artémis en personne l'avait, au dernier moment, arrachée à l'autel pour lui substituer une biche. Racine a renoncé à ce dénouement invraisemblable, et préféré la solution d'une Iphigénie nouvelle, méconnue sous le nom d'Ériphile. Lorsque meurt cette malheureuse, les vents se mettent à souffler. Supposons une coïncidence. Le récit ajoute un détail curieux :

> *Le soldat étonné dit que dans une nue*
> *Jusque sur le bûcher Diane est descendue,*
> *Et croit que s'élevant au travers de ses feux,*
> *Elle portait au ciel notre encens et nos vœux* [55].

IPHIGENIE

Encore le verbe « croire ». Quel en est le sujet ? Un être anonyme et collectif, le guerrier de basse condition, la foule ignorante et crédule. Dans le dialogue d'Aricie et d'Ismène, l'indéfini « on » ne désignerait-il pas cette même foule ?

La hiérarchie rhétorique recoupe, nous l'avons vu, une hiérarchie des facultés humaines : penser, croire, s'émouvoir. Mais elle recoupe aussi une hiérarchie sociale : à l'élite raisonnable s'oppose la plèbe aveugle. Et elle évoque encore une différence valorisée entre la sagesse de l'âge mûr et la naïveté de l'enfance.

Mais pourquoi Racine a-t-il voulu réintroduire dans ses tragédies, par le biais de la crédulité populaire, le merveilleux invraisemblable qu'il avait eu tant de mal à éviter lorsqu'il dressait le plan de ses pièces ? La réponse, parfaitement claire, est fournie par la préface de *Phèdre* : *J'ai tâché de conserver la vraisemblance de l'histoire, sans rien perdre des ornements de la fable, qui fournit extrêmement à la poésie.*

Pris au pied de la lettre, le mythe est invraisemblable ou choquant. Il faut l'interpréter, lui donner une raison d'être, historique ou morale. Phèdre, Ériphile sont des exemples de méchanceté punie. On s'instruit à voir quels malheurs entraîne la passion déchaînée.

Mais à ces interprétations, il semble que la poésie ne trouve pas son compte. La poésie doit donner à voir. On a glosé à perte de vue, jusqu'à friser le contresens, sur la fameuse formule d'Horace : « ut pictura poesis », la poésie est comme une peinture.

Tout se passe comme si Racine avait aperçu la contradiction sur laquelle repose la rhétorique. L'obnubilation sur le concret suppose une attitude enfantine, un état fruste de la croyance, quelque chose comme un fanatisme. Il y a pour le moins quelque imprudence à vouloir en faire un auxiliaire de la vérité. Car l'imagination est toujours prête à se rebeller. Prenons ce mot d'imagination au sens où l'emploie Corneille quand, dans *Polyeucte*, il l'oppose à « célestes vérités ». Ayons à l'esprit le vers de Pauline :

« Voilà de vos chrétiens les ridicules songes [46]. »

phigénie, édition de 1676, illustration de Chauveau.

L'imagination s'aveugle en croyant voir ce qui n'est pas. Elle rêve, elle délire. Pour Racine, elle a partie liée avec la poésie.

Nous le croyons aussi, mais nous nous faisons de l'imagination une idée différente. Nous ne pensons plus à la soupçonner dès l'abord de mensonge ; nous ne croyons plus qu'elle doit être méprisée par les sages. C'est pourquoi nous sommes à la fois heureux de découvrir en Racine un complice, et gênés de ce qu'il semble nous trahir.

Car il est vrai, quoi qu'on ait pu dire sur la simplicité de son style, que Racine pratique une poésie d'ornement. Il cultive comme un autre l'épithète oiseuse, la noble périphrase.

> *Les ombres par trois fois ont obscurci les cieux*
> *Depuis que le sommeil n'est entré dans vos yeux;*
> *Et le jour a trois fois chassé la nuit obscure*
> *Depuis que votre corps languit sans nourriture* [47].

Nous avons bien du mal à ne pas sourire, à ne pas évoquer certains amas de mots pompeux qui désignent les réalités les plus simples, dans Voltaire, dans Chénier, jusque dans Lamartine.

> « Peut-être avant que l'heure en cercle promenée
>   Ait posé sur l'émail brillant,
> Dans les soixante pas où sa route est bornée,
>   Son pied sonore et vigilant... [48] »

C'est une pendule, selon Chénier. On n'est pas loin de M. Prudhomme, de M. Perrichon, de M. Fenouillard, qui ne dit pas « noyade », mais « immersion dans l'onde perfide ». Et il n'y a là rien d'étonnant. Le bourgeois du XIXe siècle respecte Racine, qu'il appelle le « tendre » Racine. Il voit en lui un des maîtres du beau langage, un pontife de la dignité respectable.

Il nous faut quelque effort avant de percevoir la violence du conflit entre l'ombre et la lumière, avant de nous aviser que « votre corps languit » n'est pas un exact équivalent de « vous n'avez rien mangé ». La relative difficulté de l'interprétation rhétorique nous masque la puissance des mots, que nous disons « évocatrice », qui est peut-être hallucinatoire.

Il serait bien hardi de prétendre recenser les hypotyposes de Racine ; non seulement la figure est de définition malaisée, mais il semble qu'ici elle envahit tout. Le moindre mot supposé figuré donne à rêver, provoque une folle, une intenable croyance. Et l'on dirait que Racine s'acharne à nous pousser dans cette voie dangereuse. Nous savons que Thésée n'est pas allé aux enfers ; et lui-même n'ignore pas que c'est en Épire qu'il a été retenu prisonnier

> *dans des cavernes sombres,*
> . *Lieux profonds et voisins de l'empire des ombres* [49].

Majestueuse hyperbole, qui nous renvoie à la légende incroyable. Nous savons que « descendre chez les morts » veut dire « mourir », qu'un « chemin » n'est qu'un moyen. Mais la périphrase s'organise, donne à voir ce qui n'est pas. Et Phèdre paraît littéralement

> *Par un chemin plus lent descendre chez les morts* [50].

Chaque détail tend ainsi à prendre une autonomie, à se figer en un tableau obsédant, à contester la cohérence du tout qui seul, pourtant, le justifie aux yeux de la raison.

La rhétorique prévoit l'ornement, en réglemente l'usage. Il faut que la raison parvienne à le dompter.

> *J'embrasse mon rival, mais c'est pour l'étouffer* [51].

On dirait que Racine résiste. Il veut « conserver la vraisemblance », mais « sans rien perdre des ornements. »

Ne l'entendez-vous pas, cette cruelle joie?

Il se pourrait que le support de la mythologie fût la foule. C'est par cet être anonyme, invisible, que se perpétuent les croyances les moins fondées. Or il apparaît que cette foule est omniprésente.

On s'en étonne ; on sait bien que la tragédie racinienne ne met en jeu qu'un petit nombre de personnages, et presque tous de qualité. Œnone est la seule dont la condition servile soit explicitement soulignée. Mais elle touche, et de près, aux grands de ce monde [52]. Jamais de masses humaines, fussent-elles, comme dans Shakespeare, représentées symboliquement. L'armée reste dans la coulisse aussi bien que le peuple. Mais on en parle.

Le peuple de Buthrot poursuit Oreste. Celui de Rome lynche Narcisse et prend Junie *sous sa protection* [53] ; quelque temps après, il demande à être reçu par Titus. Le peuple de Byzance est prêt à soutenir les projets d'Acomat. L'armée de Mithridate se rebelle devant l'audace de son chef, et consomme sa défaite. Celle d'Agamemnon attend, exige le sacrifice. Le peuple d'Athènes se contente de colporter « d'incroyables discours », et de choisir un successeur à Thésée ; celui de Suse et celui de Jérusalem exercent une justice expéditive. Si l'on met à part les deux premières, il n'y a pas une tragédie de Racine où le peuple n'ait un rôle actif à jouer.

Et l'on ne saurait dire qu'il soit peint sous des couleurs agréables. Voyez celui de *Bajazet*. Un politique habile le maniera à sa guise.

> *Je sais combien crédule en sa dévotion*
> *Le peuple suit le frein de la religion* [54].

Pas même enfant. Animal. C'est le cheval qui obéit au frein.

Évidemment, pour Racine, cette religion-là, l'islam, est une fausse religion, peut-être une imposture. C'est pourquoi il est possible de mettre en doute la sincérité de ses prêtres et de faire du vizir un manipulateur de consciences.

> *Pour moi, j'ai su déjà par mes brigues secrètes*
> *Gagner de notre loi les sacrés interprètes* [55].

Mais cette particularité n'explique pas pourquoi le peuple turc est versatile, pourquoi, gagné à Bajazet, il pourrait bien, si l'on tarde, passer dans l'enthousiasme à son frère le sultan.

> *Vous voudrez, mais trop tard, soustraire à son pouvoir*
> *Un peuple dans ses murs prêt à le recevoir* [56].

Le peuple vit dans la crainte ; il sera du parti du vainqueur.

Dirons-nous que les soldats de Mithridate sont moins lâches ? C'est pourtant leur métier que de montrer du courage. Mais il suffit qu'on les arrache à leur routine, qu'on leur propose un grand dessein, à la limite de la témérité, pour qu'ils deviennent pusillanimes.

> *Et le seul nom de Rome étonne les plus fiers.*
> *De mille affreux périls ils se forment l'image* [...]
> *Ils demandent la paix, et parlent de se rendre* [57].

Ils abandonnent Mithridate vaincu ; et c'est l'imagination qui leur enseigne la panique.

Dans d'autres tragédies, on voit le peuple se ranger du côté de la justice et s'attaquer aux criminels. Après le meurtre de Pyrrhus, les Grecs doivent s'enfuir.

> *Tout le peuple assemblé nous poursuit à main-forte* [58].

Il respecte son prince légitime et Andromaque, la veuve qu'il a laissée.

C'est pour la bonne cause que la violence se déchaîne. Elle ne connaît aucune limite. Pourquoi, lorsque Narcisse est mis à mort, ce détail sinistre :

> *Son infidèle sang rejaillit sur Junie* [59] ?

Et, pourquoi, dans *Esther*, cette scène digne de la place de Grève :

> *Seigneur, le traître est expiré,*
> *Par le peuple en fureur à moitié déchiré.*
> *On traîne, on va donner en spectacle funeste*
> *De son corps tout sanglant le misérable reste* [60] ?

Il est vrai qu'Assuérus sait flatter les passions de ses sujets.

> *Qu'à ce monstre à l'instant l'âme soit arrachée ;*
> *Et que devant sa porte, au lieu de Mardochée,*
> *Apaisant par sa mort et la terre et les cieux,*
> *De mes peuples vengés il repaisse les yeux* [61].

Sur la sainte colline de Sion, la foule n'a pas besoin de cette incitation royale. Athalie vient de mourir.

> *Jérusalem, longtemps en proie à ses fureurs,*
> *De son joug odieux à la fin soulagée,*
> *Avec joie en son sang la regarde plongée* [62].

Le motif de la cruauté se lie étroitement à celui du regard. La passion s'enivre du sang qui coule sous ses yeux.

Mais cette férocité fait-elle toujours le départ entre le coupable et l'innocent ? *Iphigénie* est là pour prouver que non. Racine s'est ingénié à rendre sa tragédie vraisemblable et bienséante. Il a évité le dénouement merveilleux, et l'autre, moralement inacceptable, qui supposait la mort de la princesse. Mais il s'est bien gardé de souligner ce que la donnée elle-même, cette parole divine qui réclame du sang, avait d'incroyable et d'odieux. Il n'avait nul besoin de le faire. Sa pièce peut s'expliquer de la manière la plus naturelle.

Que veut Calchas ? Nous ne le savons pas. Croit-il aux oracles ? Peut-être. Une chose est sûre en tout cas : lorsque, au dernier moment, il révèle la vérité de l'énigme, lorsqu'il proclame qu'il y avait erreur sur la personne, Ériphile, désormais condamnée, le traite à mots couverts d'imposteur.

> *Le sang de ces héros dont tu me fais descendre...* [63].

Il est parfaitement légitime de comprendre : dont tu prétends que je descends.

Mais que pourrait Calchas sans l'armée ? Que pourraient les dieux eux-mêmes sans l'aveugle foi des soldats ? Ériphile n'en doute pas : pour perdre Iphigénie, il suffit de faire savoir qu'elle va fuir. Et la soldatesque se précipite.

Dans Euripide, Achille tente de s'opposer à l'armée ; il manque d'être lapidé. Racine lui réserve un sort plus glorieux.

> *Il a brisé des Grecs les trop faibles barrières.* [...]
> *Achille fait ranger autour de votre fille*
> *Tous ses amis, pour lui prêts à se dévouer* [64].

L'a-t-on noté ? Ses « amis », pas son peuple. Or il est roi. Ne peut-il compter que sur les gentilshommes ? Plus tard, il est seul. Iphigénie

> *Voyait pour elle Achille, et contre elle l'armée.*
> *Mais, quoique seul pour elle, Achille furieux*
> *Épouvantait l'armée...* [65].

La fureur de l'armée s'explique par son inaction forcée, par cette attente infinie d'un butin qui se refuse. On lui donne un moyen de faire se lever les vents. Va-t-elle examiner s'il est juste ?

Ulysse le sait bien. Dès le début, il fait réfléchir Agamemnon qui hésite encore, qui, comme si souvent chez Racine, hésite, mais après avoir pris sa décision.

> *Pensez-vous que Calchas continue à se taire* [66] ?

Un second argument se présente, avec autant de force :

> *Et qui sait ce qu'aux Grecs, frustrés de leur victime,*
> *Peut permettre un courroux qu'ils croiront légitime* [67] ?

On le sait bien : « leur », ici, est un abus de langage. Iphigénie est la victime des dieux. Ce sont les dieux qui seraient « frustrés ». Mais l'armée épouse leur cause. Elle y a intérêt. Et l'on voit la passion faire naître la croyance et, par ce biais, la loi, une loi barbare.

Que les dieux existent ou non, peu importe. Il suffit qu'on les croie exister. Leur férocité est celle de leurs adorateurs.

J'ai mendié la mort chez des peuples cruels
Qui n'apaisaient leurs Dieux que du sang des mortels [68].

Il n'est pas nécessaire d'aller jusqu'en Tauride pour voir cette horreur. Et l'horreur est consacrée comme une institution. Forte de la croyance, elle devient « légitime ».

Titus est égaré.

Moi-même en ce moment sais-je si je respire [69] ?

Entre un comparse, un messager schématique auquel Racine, peut-être par dérision, a concédé le nom superbe de Rutile. Il n'a que quatre vers à dire :

Seigneur, tous les tribuns, les consuls, le sénat,
Viennent vous demander au nom de tout l'État.
Un grand peuple les suit, qui, plein d'impatience,
Dans votre appartement attend votre présence [70].

Ce peuple n'est pas le peuple romain ; il ne peut en être qu'une partie. On se demande quelle est la raison de sa présence, puisqu'il a déjà délégué ses représentants, *au nom de tout l'État*. On dirait que le peuple romain, le vrai, est hors de toute atteinte. Insaisissable, et puissant parce qu'insaisissable. Titus ne peut communiquer avec lui que par le truchement de Paulin, qui traverse l'écran formé par la cour.

Paulin lui-même est un ennemi déclaré de Bérénice ; plus exactement, il ne supporte pas l'idée que Titus puisse songer à l'épouser. C'est lui qui tient les discours les plus nobles sur la gloire que donne la passion vaincue. Il se sent pleinement en accord avec le peuple romain et, faute d'autres sources, nous devons le croire. C'est pourtant lui qui déclare :

N'en doutez point, Seigneur : soit raison, soit caprice,
Rome ne l'attend point pour son impératrice [71].

Soutienne qui voudra que le mot « caprice » est là pour la rime.

Rome (illustration de Decaris pour *Bérénice*, 1948).

Une loi qui ne se peut changer [71] interdit le mariage d'un empereur avec une étrangère, surtout si elle est reine. Le lecteur se rappelle peut-être que certaines lois romaines avaient moins de solidité. Un oncle ne saurait épouser sa nièce. Qu'importe ?

> *Une loi moins sévère*
> *Mit Claude dans mon lit et Rome à mes genoux* [73].

Mais la loi qui récuse Bérénice est d'une autre nature. Elle se fonde sur une passion irréfléchie : la « haine [74] ». On ne va pas là contre. Et Paulin, qui a évoqué une possible « raison », se trouve hors d'état de raisonner. Tout ce qu'il peut faire est de rappeler l'origine de cette « haine puissante », et d'invoquer des précédents.

Titus n'a pas une attitude constante ; parfois il semble intérioriser le discours des Romains, il nomme « devoir » cette décision qu'on lui impose ; parfois, comme Paulin, il invoque des précédents ; parfois encore, il perçoit la puissance du peuple, sa violence.

> *Et qui sait de quel œil ils prendront cette injure ?*
> *S'ils parlent, si les cris succèdent au murmure,*
> *Faudra-t-il par le sang justifier mon choix* [75] *?*

Mais c'est un piège, car le caprice du peuple est devenu loi. L'empereur se perd, s'il laisse se perdre les lois, si injustes, si absurdes soient-elles.

> *S'ils se taisent, madame, et me vendent leurs lois,*
> *A quoi m'exposez-vous* [76] *?*

Remarquons-le : l'idée ne semble pas lui venir, à ce moment-là, qu'il pourrait convaincre le peuple ; de lui, il n'attend qu'intransigeance bornée ou lâcheté sournoise. Il lui arrive de rêver. Rome serait *sensible aux vertus de la Reine* [77]. On ne change pas les passions obstinées. Il faudrait qu'elles changent d'elles-mêmes. Vain espoir.

Le peuple se tait.

> *L'entendons-nous crier autour de ce palais* [78] *?*

Il n'y a pas à se méprendre sur ce silence. C'est celui des convaincus, des fanatiques sûrs de leur bon droit, de ceux qui ont parlé une fois pour toutes et se dérobent à la discussion.

> *Rome jugea ta reine en condamnant ses rois.*
> *N'as-tu pas en naissant entendu cette voix ? [...]*
> *Et lorsque Bérénice arriva sur tes pas,*
> *Ce que Rome en jugeait ne l'entendis-tu pas [79] ?*

Il importe alors peu de savoir si Titus aime encore Bérénice ou si, secrètement, il en est las. Nul ne doute qu'Agamemnon n'aime sa fille, même si, par ailleurs, son ambition personnelle est en jeu. Une chose est claire : ce n'est pas lui qui décide.

C'est le peuple. C'est la fureur du peuple. Titus, par moments, hésite à se l'avouer, parce qu'il est prisonnier de son rôle d'empereur. Mais Bérénice a l'esprit assez libre

> *pour entendre un peuple injurieux*
> *Qui fait de mon malheur retentir tous ces lieux ?*
> *Ne l'entendez-vous pas, cette cruelle joie,*
> *Tandis que dans les pleurs moi seule je me noie [80] ?*

Triste empereur, qui forme encore l'illusion de son vouloir.

> *Et c'est moi seul aussi qui pouvais me détruire [81].*

On songe à la scène nocturne évoquée par Bérénice, à ce triomphe d'un souverain lié [82].

On ne voit pas la foule sur la scène. Les contraintes du théâtre s'y opposent, et le souci de la vraisemblance. Shakespeare était heureux ; il notait : entre le duc avec son armée. Quatre faquins porteurs de bâtons figuraient un corps de bataille, et tout le monde était content.

Le texte de Racine est écrit pour le théâtre. Il joue des difficultés pour produire un nouvel effet. On ne verra pas la foule. Elle est dehors, elle entoure, elle assiège le plateau. Dans *Bérénice*, dans *Iphigénie*, la scène figure un refuge, une citadelle assaillie. Aucun décor n'est ici nécessaire ; il suffit d'un rideau, d'une zone d'ombre. La menace est là-bas, invisible

Décor de Louis Süe pour *Britannicus* (1938).

Décor de Jacqueline et Olivier Deschamps pour *Iphigénie* (1949).

Maquette du décor de Auguste Rube et P.-M. Chaperon pour *Esther* (1864).

⟵ Maquette de Yves Brayer pour *Mithridate* (1952).

et présente. Ce n'est pas la toile peinte, c'est l'imaginaire qui construit le lieu.

D'autres pièces présentent, épisodiquement, la même disposition sensible. L'extérieur est funeste. Quitter la scène, c'est aller à la mort. Roxane le dit d'un mot [83].

Dans le premier discours de Paulin, un détail peut donner à réfléchir. Il est dit de Rome qu'elle

> *ne reconnaît pas les fruits illégitimes*
> *qui naissent d'un hymen contraire à ses maximes* [84].

Qu'est-ce qu'une maxime ?

Dans la tradition classique, on désigne souvent par ce mot une phrase brève qui énonce une vérité universelle. Dans la tragédie, la maxime occupe le plus souvent un vers ou deux, et ne comporte aucun pronom personnel, aucun adverbe susceptibles de mettre en cause les personnages, le lieu ou le moment.

> *L'amour ne règle pas le sort d'une princesse* [85].

Pour éviter les confusions, il vaut mieux utiliser le terme « sentence ». La « sentence » peut être détachée de son contexte et citée. On ne s'en faisait pas faute autrefois.

On a souvent observé que la sentence était rare chez Racine. Il est aisé de citer Corneille, Rotrou, Quinault. Mais Racine s'y prête mal. Si l'on reproduit un de ses vers, c'est à des fins de commentaire ; sinon, on risque d'en changer le sens, rien qu'en le séparant de ce qui l'entoure.

Lorsque Racine parle de « maximes », il l'entend dans un autre sens. Il s'agit toujours des maximes d'un sujet, peuple ou personnage. C'est le cas ici. On se rend bien compte que les deux sens sont liés. Si Rome pouvait parler, elle n'aurait aucune peine à formuler quelque chose comme : nul ne peut épouser une femme étrangère.

La sentence doit à son caractère impersonnel, au présent de son verbe, à sa totale ignorance des contingences, de pouvoir être extraite de la tirade où elle figure. Mais il ne faut pas croire qu'elle y soit inutile. Puisqu'elle exprime une vérité générale, elle a son rôle à jouer dans un raisonnement, soit qu'elle serve à fonder un syllogisme, soit qu'elle conduise à une application particulière. Le personnage qui l'emploie justifie par elle un jugement qu'il porte, un acte qu'il a accompli, un sentiment qu'il déclare.

La maxime joue exactement le même rôle, même lorsqu'elle n'est pas exprimée sous forme de sentence. Rome a des maximes qui dictent ou reflètent son comportement. Lorsque les maximes sont celles d'un personnage, on peut dire que l'analyse psychologique consiste à les mettre au jour. Elles sont la loi d'un caractère, ou sa règle, presque au sens où l'on parle des règles d'un jeu.

Dans la seconde préface de *Bajazet*, Racine avertit son lecteur : *Je me suis attaché à bien exprimer dans ma tragédie ce que nous savons des mœurs et des maximes des Turcs.* Il y a là, comme on l'a remarqué depuis longtemps, un réel souci de couleur locale. Et l'on a opposé Racine qui peint des âmes aux romantiques qui ne peindraient que des pourpoints ou des chapeaux. La vraie question est de savoir comment on s'y prend pour peindre des âmes. Celle de Bajazet, par exemple. On lit dans la même préface :

Si l'on trouve étrange qu'il consente plutôt de mourir que d'abandonner ce qu'il aime, et d'épouser ce qu'il n'aime pas, il ne faut que lire l'histoire des Turcs; on verra partout le mépris qu'ils font de la vie; on verra en plusieurs endroits à quel excès ils portent les passions; et ce que la simple amitié est capable de leur faire faire : témoin un des fils de Soliman, qui se tua lui-même sur le corps de son frère aîné, qu'il aimait tendrement, et que l'on avait fait mourir pour lui assurer l'Empire. La maxime est claire : mieux vaut mourir que d'abandonner ce qu'on aime. On peut en lire une autre : mieux vaut mourir que de survivre à ses amis. On en distingue même une troisième : on peut tuer un prince pour assurer le trône à son frère.

Cette troisième maxime est à la base de la pièce. Amurat et Roxane songent à l'appliquer. La seconde commande le comportement final d'Acomat.

> *Saisi, désespéré d'une mort qui m'accable,*
> *Je vais, non point sauver cette tête coupable,*

1801

1676

1916
(Albert Lambert,
Mme Weber).

Je me suis attaché à bien exprimer... ce que nous savons des mœurs et maximes des Turcs.

Bajazet

1974 (Maria Casarès, mise en scène : Jean Gillibert, décor : Micha Mirovski).

1937 (Mary Marquet, mise en scène : Jacques Copeau, décor : Louis Süe).

> *Mais, redevable aux soins de mes tristes amis,*
> *Défendre jusqu'au bout leurs jours qu'ils m'ont commis* [86].

Quant à la première maxime, elle explique sans doute les décisions de Bajazet, et surtout leur rapidité.

Car la maxime n'est pas énoncée comme telle. Elle ne prend pas, ici, la forme de la sentence. Il n'est pas besoin de l'exprimer, pas même peut-être de l'évoquer mentalement. Elle agit toute seule. Et c'est pourquoi on ne sait pas si elle dicte un comportement ou si elle le reflète. Son action donne parfois l'impression d'être presque mécanique. On dirait que, perçue, analysée, voulue qar l'auteur, la maxime est, pour le personnage, irréfléchie, passionnelle, incontestable. Nous l'avons déjà vu, les plus belles raisons du monde ne peuvent rien contre un homme, ou un peuple, que tient sa passion.

La sentence exprime une vérité générale. Ne nous y trompons pas ; il s'agit le plus souvent d'opinions reçues. Il peut donc s'agir d'opinions discutables. Et l'art oratoire trouve à s'exercer. Mais le personnage se projette en elle, construit son image, va parfois jusqu'à l'interroger. Il lui arrive de changer de maximes, comme Auguste, dans *Cinna*. La sentence permet la délibération.

En revanche, la maxime intériorisée ne peut donner lieu à examen. Son effet est soudain, souvent irrévocable. Racine n'aime pas montrer les décisions : il les glisse entre les actes. Nous découvrons à l'acte IV de *Britannicus* que Néron a décidé de supprimer son rival ; à l'acte V, que, tout compte fait, et malgré l'intervention de Burrhus, il n'a pas changé d'avis.

Une décision ne s'examine pas. Elle se regrette, éventuellement. Lorsque, par accident, elle est prise sur scène, le personnage s'en trouve presque désemparé ou bien, au contraire, fait preuve d'une ahurissante sûreté.

Roxane vient d'avoir la preuve que Bajazet aime Atalide. Tout est réglé en huit vers, sans la moindre hésitation.

> *Ah! de la trahison me voilà donc instruite* [...]
> *Ma tranquille fureur n'a plus qu'à se venger.*
> *Qu'il meure* [87]...

Hippolyte, emporté par son propre discours, découvre soudain qu'il est en train de dire ce qu'il avait voulu cacher.

> *Je me suis engagé trop avant.*
> *Je vois que la raison cède à la violence* [88].

On dirait qu'il assiste à la rupture d'une digue. Ce mouvement est comme une première annonce de celui qui, trois scènes plus loin, emportera Phèdre.

> *Ma folle ardeur malgré moi se déclare* [89].

Contentons-nous pour l'instant de relever le caractère contraignant de ce passage à l'aveu. Antiochus en rejetait la responsabilité sur Bérénice :

> *Au moins souvenez-vous que je cède à vos lois* [90].

Monime, si maîtresse d'elle-même, invoque une mystérieuse nécessité :

> *Un rigoureux devoir me condamne au silence;*
> *Mais il faut bien enfin, malgré ses dures lois,*
> *Parler pour la première et la dernière fois* [91].

Et Hippolyte répète ce « il faut », non sans l'avoir dès l'abord glosé par le mot de « violence ».

Dirons-nous que là encore une maxime est à l'œuvre ? Nous serions bien en peine de la formuler. On parlera de concession à la noire puissance des passions ; il serait sans doute plus exact, comme nous le verrons, d'invoquer l'irrésistible force d'un récit, l'irruption en tempête d'un passé qui ne cesse d'être présent.

Contentons-nous pour l'instant de remarquer que, comme dans le cas où s'appliquent des maximes inexprimées, une force aveugle est à l'œuvre, une force étrangère à toute dialectique.

Les personnages nobles seraient-ils moins loin de la foule qu'ils ne le croient eux-mêmes ?

Moi ? Je suis l'assemblée

Racine n'a donné qu'une comédie, à coup sûr l'une des plus drôles qui se puissent trouver dans le répertoire classique. Il vaut peut-être la peine de considérer cette tentative unique, non pas pour y chercher l'ultime secret d'une œuvre aux couleurs si sombres, mais pour tenter de percevoir des relations, s'il en existe, entre cette farce et ces drames.

Les Plaideurs sont une farce. Du moins Racine a-t-il voulu qu'on n'y voie pas autre chose. Il y insiste dans sa préface : la pièce était destinée aux comédiens italiens ; il ne faut pas la soumettre à un jugement trop scrupuleux, invoquer des règles sévères qui ne sont pas faites pour ces divertissements sans conséquence. Tout au plus peut-on dire que, si l'auteur avait un but un peu sérieux, c'était de *voir si les bons mots d'Aristophane auraient quelque grâce dans notre langue*. Une fois de plus, il y a expérimentation.

La référence au vieux comique grec a un sens très précis. Aristophane est supposé n'avoir pas su ce que c'est qu'une vraie comédie ; le genre ne gagne ses lettres de noblesse qu'avec Ménandre, et la Nouvelle Comédie attique. C'est alors en effet qu'il devient plus décent et, surtout, qu'il commence à proposer des intrigues bien liées. Ménandre, et Térence, son illustre imitateur latin, se recommandent par une grande « régularité ».

Quand on compare *les Plaideurs* aux pièces de Térence, ou aux comédies du Grand Siècle, un curieux détail peut frapper : c'est le rôle exceptionnel attribué au jeune premier. Traditionnellement, le personnage est un fils de bons bourgeois, élevé dans l'aisance, et habitué à tout voir céder devant ses caprices. Il se met dans une situation désagréable, en s'amourachant d'une femme qui ne peut convenir aux idées étroites de son père. La seule issue serait une lamentation désespérée, si

n'intervenait un valet fertile en ruses diverses. On conclut ou bien par le triomphe de ce méprisable individu, qui berne tout le monde, ou bien par une reconnaissance : la jeune fille se révèle digne qu'on l'épouse, et le père n'a plus rien à dire. Voyez, pour la première solution, *l'Amour médecin* ou *le Bourgeois gentilhomme*, pour la seconde, *l'Avare* ou *les Fourberies de Scapin*.

Racine reprend le schéma habituel. Léandre est amoureux d'Isabelle. L'obstacle n'est pas ici le père du jeune homme, mais celui de la jeune fille, plaideur enragé.

> *Son père est un sauvage à qui je ferais peur.*
> *A moins que d'être huissier, sergent ou procureur,*
> *On ne voit point sa fille* [92].

Remarquons tout d'abord que Léandre n'a rien à craindre de son propre père, le vieux Pérrin Dandin. Il n'hésite pas à tenir en prison *ce Caton de basse Normandie* [93], à l'empêcher de quitter son logis pour aller juger. Le vrai maître de maison, celui auquel obéissent les domestiques, ce n'est pas le juge, c'est son fils.

Et c'est aussi le fils qui construit la machination grâce à laquelle sera berné le père d'Isabelle. Examinons son entretien avec L'Intimé, qui lui apportera son secours. Il faut d'abord noter que ce personnage n'est pas le domestique particulier du jeune homme, mais le secrétaire de Perrin Dandin. On observe ensuite que l'idée de la ruse n'est pas de lui : il fournit seulement le moyen.

Puisque Chicanneau, le père d'Isabelle, ne reçoit que des gens de justice, on lui enverra un faux huissier. C'est Léandre qui dit :

> *Ne connaîtrais-tu point quelque honnête faussaire*
> *Qui servît ses amis, en le payant, s'entend,*
> *Quelque sergent zélé* [94] ?

L'Intimé ne fait que fournir le complice demandé, lui-même. Et, brodant sur le dessein qu'on lui a fourni, il suggère à

Léandre de se déguiser, pour sa part, en commissaire. Le valet, ici, ne joue pas le rôle de sauveur qui, ailleurs, lui incombe si souvent. Entre son maître et lui, il existe un lien de complicité, mais l'ordonnateur de la ruse reste le maître. Et cette ruse est un spectacle, avec déguisements.

C'est aussi un spectacle où triomphe l'équivoque. Léandre, devant Chicanneau, fait la cour à Isabelle sous couleur de lui parler procédure. On note que la belle enfant ne lui cède en rien pour ce qui est de la virtuosité langagière. Et l'imbécile de père s'en réjouit :

Elle répond fort bien [95].

Merveilleusement sûr de lui, Léandre organise un autre spectacle : le procès du chien. Cette fois, c'est lui qui donne les ordres, répartit les rôles, trouve un souffleur, met tout en scène. Et quand on lui demande quelle est sa fonction, il répond :

Moi ? je suis l'assemblée [96].

Curieuse assemblée, pourtant, qui intervient, qui donne aux acteurs des conseils :

Dégourdis-toi. Courage ! allons, qu'on s'évertue [97].

qui explique et justifie son propre spectacle ; on a oublié de prévoir les témoins. C'est que

Les témoins sont fort chers, et n'en a pas qui veut [98].

Il est trop clair que l'assemblée et le metteur en scène ne font qu'une seule et même personne. Léandre donne un spectacle, il se donne un spectacle.

L'idée vient, évidemment, d'Aristophane. On voit, dans *les Guêpes*, un fils retenir son père au logis pour l'empêcher d'aller juger. On y voit aussi le procès du chien. Mais l'intrigue amoureuse, où le jeune premier se montre un excellent tacticien, est tout entière de l'invention de Racine.

Ce monde est un théâtre, tel est le vieux thème médiéval avec lequel ont joué, sérieusement, Shakespeare, Calderon, Corneille, Rotrou, pour ne citer que les plus illustres. Léandre en fait un spectacle de marionnettes. Le maître est celui qui connaît le mécanisme des folies, de toutes les folies, la sienne comprise.

> *J'ai ma folie, hélas ! aussi bien que mon père* [99].

C'est Mascarille ou Scaramouche, mais ici Scaramouche n'est pas valet. Il s'assied sur la scène avec les personnes du bel air.

On a souvent remarqué à quel point était comique la scène où Mithridate feint de vouloir marier Monime et Xipharès pour amener la jeune femme à avouer ses véritables sentiments pour le prince [100]. La fourbe est exactement parallèle à celle dont use Harpagon avec son fils [101].

Dans les tragédies de Racine, on rencontre d'autres virtuoses de la ruse. Il y a Créon, dans *la Thébaïde*, et, dans *Britannicus*, Narcisse. Et que dire d'Acomat ? Tous sont sans scrupule, parce que lucides sur leurs propres passions. Ils savent ce qu'ils veulent : le pouvoir. Ne nous hâtons pas de dire qu'ils méprisent les faiblesses humaines. Le vizir sait très bien pourquoi il veut épouser Atalide.

> *Voudrais-tu qu'à mon âge*
> *Je fisse de l'amour le vil apprentissage* [102] ?

Atalide est un gage, un moyen de pression et même de chantage, pour se protéger contre le caprice des souverains. Acomat raisonne ; il va même jusqu'à énoncer une sentence :

> *Un vizir aux sultans fait toujours quelque ombrage* [103].

Son ambition est claire : il lui faut rester vizir par tous les moyens.

Si Acomat méprise l'amour, c'est peut-être parce qu'il est eunuque, quoique Racine, évidemment, n'en dise rien. C'est surtout parce qu'il le considère, dans la situation qui est la sienne, comme un moyen, et rien de plus. Le Créon de *la Thébaïde* avait moins de lucidité. Mais ce moyen est au service d'une passion.

Il peut arriver que l'amour soit au contraire une fin en soi. C'est le cas de Mithridate, ou de Léandre. Pour écarter un rival dangereux, le vieux roi doit savoir à quoi s'en tenir. D'où sa ruse. On ne gagnerait rien à soutenir qu'il n'aime pas vraiment Monime.

Le maître des ruses est très exactement ce que l'on appelle un sophiste : il se sert de la rhétorique pour la mettre au service de ses fins personnelles, sans s'interroger sur leur moralité. Il n'obéit pas à la vérité mais à sa propre folie.

Dans un cas, au moins, sa lucidité lui permet de modifier un plan initial. On sait quelle importance Racine accordait à l'extraordinaire projet de Mithridate : remonter le Danube, passer les Alpes, menacer Rome par le nord de l'Italie. Le vieux stratège n'est jamais à court d'invention. A sa mort, il analyse de nouveau la situation. Entre ses deux désirs : battre les Romains, épouser Monime, il fait un choix. Et il cède Monime à Xipharès, à charge pour lui de continuer la guerre. Mais de la continuer intelligemment. Pas de glorieuses défaites. Vanité que cet honneur chevaleresque qui commande de mourir plutôt que de reculer.

Cachez-leur pour un temps vos noms et votre vie [104].

Xipharès est invité à reproduire le geste initial de la tragédie : fuir, en répandant le bruit de sa mort. Suprême ruse, qui joue sur l'être et le non-être. Le fera-t-il ? Nous n'en savons rien. Mithridate, en mourant, lui a laissé un rôle, son rôle. Xipharès pourrait devenir « un autre lui-même [105] ». Céder Monime à Xipharès, c'est faire preuve d'une grande imagination stratégique, d'une imagination au sens moderne du terme. Les rhéteurs auraient plutôt dit : invention. En déduise qui voudra que Mithridate n'est pas sincère.

Avec lui ne s'éteint peut-être pas la lignée des grands sophistes. Il reste cette figure de Calchas, que nous interrogeons en vain. Il reste aussi un autre prêtre.

Nous n'avons aucune raison de penser que Racine ait pu prendre Joad pour un imposteur. Il serait simplement absurde de songer à le soutenir. Joad est un prêtre du vrai Dieu, alors que Calchas ne servait que des idoles. Quant aux interprètes de la loi sur lesquels Acomat appuie sa stratégie, ils sont évidemment dans l'erreur.

Nous avons vu que l'Antiquité grecque n'est pas tout entière sous la domination de la fable, que, de ce point de vue, on ne saurait tenir sa tradition pour homogène. Mais il faut en dire autant de la tradition judéo-chrétienne. L'histoire d'Iphigénie est barbare ; elle ressemble pourtant de fort près à celle d'Abraham sacrifiant, ou encore à celle de la fille de Jephté. Ces deux histoires font l'objet d'allusions dans *Athalie* [106]. La férocité n'est pas le monopole des Grecs.

Que Joad ait pour lui la vérité et le bon droit, c'est ce que Racine ne mettait certainement pas en doute. Mais si nous voyons les choses d'un autre œil, comment qualifier l'action du grand prêtre ? Il faudra bien dire que Joad construit un piège et monte un spectacle. Le spectacle, c'est la pompe royale dont on entoure l'enfant Joas, et qui se révèle lorsque, comme au théâtre, on tire un rideau. Le piège consiste à faire venir Athalie dans le temple avec une petite escorte. Joad feint de vouloir livrer Joas.

> *Mais puisqu'à votre reine il faut le découvrir,*
> *Je vais la contenter, nos portes vont s'ouvrir* [107].

Il est vrai que « découvrir » pourrait faire allusion à ce rideau qui s'ouvre, manifestant le vrai roi. Mais comment Athalie, ou Abner, à qui ces paroles sont adressées pour qu'il les rapporte à la reine, seraient-ils en état de saisir ce sens ? Visiblement, Joad use de l'équivoque. Et il poursuit :

> *Des prêtres, des enfants lui feraient-ils quelque ombre* [108] *?*

Ces prêtres-là, l'épée à la main, feront voir bientôt qu'ils savent s'en servir. Mais il faut bien jouer de l'opinion commune selon laquelle un prêtre n'est pas un guerrier pour pouvoir dire à Abner :

Georges Aminel-Joad, Dominique de Keuchel-Joas, Claude Winter-Josabet
dans *Athalie* (mise en scène : Maurice Escande, décor : Jean Carzou, 1968).

De sa suite avec vous qu'elle règle le nombre [109].

Encore une fois, la cause de Joad est juste : Joas est le souverain légitime et, comme Athalie le menace, il est en état de légitime défense. L'orateur est en droit d'user de toutes les séductions rhétoriques s'il a pour lui sa conscience. Or Joad a pour lui plus que sa conscience, il a l'Éternel. Jéhovah, traditionnellement, s'entend à égarer ceux qui ont mérité sa colère [110].

C'est pourquoi, alors que les grands politiques finissent par échouer, alors que Narcisse est tué, Acomat réduit à la fuite, Mithridate contraint au suicide et Calchas à trouver une heureuse échappatoire, Joad triomphe. Sa victime est si criminelle que nul ne songera à la plaindre.

Athalie n'est-elle pas elle-même de cette race sans scrupule qui joue des faux-semblants pour parvenir à ses fins ? N'en doutons pas. Et avouons que le pieux mensonge de Joad est bien peu de chose à côté du carnage où elle s'est illustrée. Un détail doit pourtant donner à réfléchir ; il n'est pas de nature à réhabiliter Athalie, mais à montrer pourquoi elle doit perdre la partie. Athalie n'est plus une grande politique :

> *Ami, depuis deux jours je ne la connais plus.*
> *Ce n'est plus cette reine éclairée, intrépide,*
> *Élevée au-dessus de son sexe timide,*
> *Qui d'abord accablait ses ennemis surpris,*
> *Et d'un instant perdu connaissait tout le prix.*
> *La peur d'un vain remords trouble cette grande âme.*
> *Elle flotte, elle hésite; en un mot, elle est femme* [111].

C'est l'occasion de noter deux points : d'abord que dans le système de valeurs qui commande la rhétorique, la femme rejoint l'enfant et l'esclave dans le troupeau de ceux que l'on peut et doit abuser ; ensuite que Racine est généralement infidèle à ce parti pris. Quoi qu'il en soit, Athalie est déchue de sa force. Elle se laisse prendre aux jeux de l'imagination à

Un songe (me devrais-je inquiéter d'un songe ?)[112],

à un « prodige » : l'apparition de cet enfant que le rêve lui a montré. Pour cet enfant, elle se sent prise d'une inexplicable tendresse. Cette faiblesse est le signe de sa mort prochaine.

Joignons-y sa cupidité, sa crédulité pour la fable dont Mathan l'amuse.

Il lui feint qu'en un lieu que vous seul connaissez,
Vous cachez des trésors par David amassés[113].

Joad saura tirer profit de cette information. S'il invite Athalie à venir avec une escorte restreinte, c'est, dit-il, pour éviter le pillage du temple. Et la reine, soudain lucide au moment de mourir, accuse l'Éternel et détaille les embûches dressées contre elle :

C'est toi qui me flattant d'une vengeance aisée,
M'as vingt fois en un jour à moi-même opposée,
Tantôt pour un enfant excitant mes remords,
Tantôt m'éblouissant de tes riches trésors,
Que j'ai craint de livrer aux flammes, au pillage[114].

C'est ainsi qu'Athalie perd sa force avant de perdre son pouvoir, comme si tout était lié. Si la passion fait les sophistes, c'est elle aussi qui perd les faibles.

On pourrait faire une analyse analogue sur le cas d'Agrippine, grande politique s'il en fut, victime, elle aussi, de son aveuglement. Il est trop clair qu'à chaque instant elle surestime sa puissance. Elle ne cesse de vanter les appuis dont elle dispose, et qui se révèlent débiles. Elle compte sur Pallas : il est arrêté. Elle songe à faire acclamer Britannicus par les prétoriens, quitte à avouer par quels crimes elle a assuré la carrière de Néron. Burrhus est formel :

Madame, ils ne vous croiront pas[115].

La suprême erreur d'Agrippine est de mêler la politique et la morale. Elle y revient sans cesse : on lui doit tout ; sans elle, Burrhus n'existerait pas ; et Néron, « le fils d'Enobarbus », serait bien « ingrat » s'il ne reconnaissait qu'il est son « ouvrage ».

> *Un bienfait reproché tint toujours lieu d'offense* [116],

proclame une des rares sentences raciniennes.

Agrippine n'est plus en état d'exiger qu'on lui rende ce qu'on lui doit. Ses objurgations n'ont pas de force. Souvenons-nous d'Acomat : il ne compte pas sur la gratitude des princes et, contre Bajazet qu'il va faire monter sur le trône, il songe à s'assurer des gages.

Comme celle d'Athalie, la faiblesse d'Agrippine tient au vieillissement ; ce qui la gêne, c'est le poids de ce passé qu'à tout moment elle rappelle, dont elle ne peut admettre qu'il est révolu. Combien plus habile se montre Narcisse : il se garde bien de rapporter sa propre histoire, d'exiger une gloire inaltérable. Lorsque, jouant à son tour du précédent, il veut faire entendre à Néron que les Romains sont lâchement dociles, il a soin de se travestir en fantôme :

> *Moi-même, revêtu d'un pouvoir emprunté*
> *Que je reçus de Claude avec la liberté,*
> *J'ai cent fois, dans le cours de ma gloire passée,*
> *Tenté leur patience, et ne l'ai point lassée* [117].

Il n'est plus de ce monde. Il le dit, tout au moins.

Telle est peut-être, plus encore que la cruauté de certaines foules, plus que le mécanisme impitoyable de la maxime, la grande force du théâtre racinien : le poids du passé.

La comédie le fait entendre à sa manière, en raillant les ridicules vieilleries d'un système judiciaire enlisé dans sa routine.

> *Rapports d'experts, transports, trois interlocutoires,*
> *Griefs et faits nouveaux, baux et procès-verbaux* [...]
> *Quatorze appointements, trente exploits, six instances,*
> *Six-vingt productions, vingt arrêts de défense* [118]...

Aristote... Pausanias... Rebuffe... le grand Jacques... Harme-
nopul [119]... et toute la rhétorique joyeusement parodiée, dans
ses outrances, dans ses erreurs, dans ses burlesques exagé-
rations, mais aussi dans ses principes essentiels. Car la plaidoirie de Petit-Jean utilise stupidement la saine technique de
l'exemple multiplié. Mais celle de L'Intimé commence par une
impeccable *captatio benevolentiae* (c'est flatter l'auditoire),
passe à une narration, reprise par une hypotypose, évoque
savamment les mérites de la victime, puis en vient à l'essentiel,
qui est l'évocation de « l'idée ». Mais le dernier mot appartient
à Perrin Dandin, inondé par les « larmes » de la famille :

> *Ce que c'est qu'à propos toucher la passion* [120].

La tragédie a d'autres armes. Pourtant on pourrait se demander ce qui est le plus absurde, d'une procédure devenue
inintelligible ou d'une loi « qui ne se peut changer » et dont
on ne sait trop si elle n'est pas fille du caprice. Certes, la vieille
loi romaine est porteuse de malheur, mais on sait que Perrin
Dandin aime à voir donner la question.

Ce qui est plus sensible, c'est que, dans la tragédie, le poids
du passé se compose de vingt histoires personnelles, de souvenirs qui ne s'effacent pas, qui reviennent, qui obsèdent.
Le plus grand politique, le metteur en scène le plus habile,
met son art au service de sa passion, et sa passion se fonde sur
des souvenirs.

L'arme de la tragédie, c'est le récit.

Dois-je les oublier, s'il ne s'en souvient plus?

Il faut rappeler que le récit, sous le nom de « narration », est une nécessité de la rhétorique judiciaire : on ne raisonnera pas sur une cause si on n'a d'abord exposé les faits. Mais il prolifère. Faut-il citer un exemple, invoquer un précédent? On ne se contentera pas toujours d'une allusion. Et comment faire l'éloge d'un personnage sans raconter sa vie? On trouve des récits illustres dans les *Oraisons funèbres* de Bossuet. Dans la tragédie, puisque l'on dérobe à la vue la plupart des actions, le récit est aussi indispensable. Et la tradition antique fournit de grands modèles, depuis *les Perses* d'Eschyle jusqu'à la *Phèdre* de Sénèque. Longues narrations détaillées, croulant parfois sous le poids des ornements. Et n'oublions pas qu'il faut, en commençant, raconter l'essentiel de ce que le spectateur doit savoir pour comprendre la suite. Le modèle serait ici le prologue à la manière d'Euripide. Dès qu'ils entrent en scène, Agrippine, Antiochus, Acomat se mettent à raconter. Dans ce cas-là, on préfère la simplicité, le ton neutre. Mais ce qui frappe, chez Racine, c'est l'exubérance du récit sous toutes ses formes. Il n'est presque pas de page où il ne se glisse.

On rencontre, au début de *Bérénice*, une étrange expression, et qui a vieilli. Il est dit que Titus *vient à la reine expliquer son amour* [121]. Étymologiquement, « expliquer », c'est « développer ». Et ce sens, tout rhétorique, n'est pas ici mal venu. Mais comment s'y prend-on pour expliquer un amour? Il est difficile de répondre, car Racine ne met jamais en scène deux amants heureux, confiants, sûrs l'un de l'autre, à l'abri de tout danger. Il se contente d'allusions :

> *Je me suis fait un plaisir nécessaire*
> *De la voir chaque jour, de l'aimer, de lui plaire* [122].

Que peut-on se dire quand on n'a rien à se dire ? Mille choses sans doute, mais qui ne font pas un dialogue de théâtre, du moins comme on l'entendait en ce temps-là.

Il semble pourtant que l'on puisse trouver un embryon de réponse. Dans *Alexandre*. Si la chose est possible, c'est parce que le conquérant est merveilleusement sûr de lui : rien ne le menace, rien ne lui résiste. Il n'a qu'à briller. Au fond, l'oracle n'avait pas menti : Alexandre est dieu. Et c'est la raison pour laquelle la tragédie manque son but, si ce but est de faire craindre et d'émouvoir la pitié. Il en va autrement si c'est l'admiration que l'on veut soulever. *Alexandre*, dès que paraît le héros, se métamorphose en parade. Parade de grands sentiments, parade éclatante de puissance. Parade nuptiale, aussi bien.

> Les beautés de la Perse à mes yeux présentées,
> Aussi bien que ses rois ont paru surmontées.
> Mon cœur, d'un fier mépris armé contre leurs traits,
> N'a pas du moindre hommage honoré leurs attraits ;
> Amoureux de la gloire, et partout invincible,
> Il mettait son bonheur à paraître insensible.
> Mais, hélas ! que vos yeux, ces aimables tyrans,
> Ont produit sur mon cœur des effets différents !
> Ce grand nom de vainqueur n'est plus ce qu'il souhaite ;
> Il vient avec plaisir avouer sa défaite :
> Heureux si votre cœur se laissant émouvoir
> Vos beaux yeux à leur tour avouaient leur pouvoir !
> Voulez-vous donc toujours douter de leur victoire ?
> Toujours de mes exploits me reprocher la gloire.
> Comme si les beaux nœuds où vous me tenez pris
> Ne devaient arrêter que de faibles esprits [123] ?

On est obligé de citer longuement, parce que le passage est construit avec ampleur. Les minimes éléments de récit qui s'y trouvent, sous forme d'allusion, servent de matériau à une immense antithèse, sur laquelle viennent s'appuyer à leur tour plusieurs de ces figures que, dans la tradition, on condamne sous le nom de « pointes ».

Tout le jeu consiste à assimiler, selon une comparaison courante, les peines de l'amour aux travaux de la guerre. C'est parce que les beautés de la Perse connaissent le même sort que les rois que l'on peut qualifier d' « aimables tyrans » les yeux de Cléofile. On peut alors faire briller l'oxymoron, c'est-à-dire joindre avec un semblant de raison un nom et un adjectif qui hurlent de se trouver ensemble. Le nom même d'oxymoron est parlant ; il veut dire : fol avisé. Ici c'est d'un vainqueur vaincu qu'il est question.

En répétant le mot « avouer », on frise le calembour. Alexandre avoue sa défaite. Entendons qu'il la reconnaît. Cléofile devrait avouer sa victoire. Et, paradoxalement, les deux expressions n'en font qu'une, puisque c'est d'avouer un amour qu'il s'agit. Ces mignardises ont eu leur charme. Un certain public en raffolait. Et l'on en trouve dans Corneille, ne serait-ce que dans la scène de *Pompée* qui met en présence César et Cléopâtre [124]. Scène dont Racine pourrait bien s'être souvenu en composant son *Alexandre*.

Que peuvent se dire deux amants qui n'ont rien à se dire ? Peut-être des pointes. Ce n'est pas que Racine se soit hâté d'oublier l'art subtil de polir des absurdités pleines de sens. Hippolyte à Aricie :

> *Présente, je vous fuis ; absente, je vous trouve* [125].

Mais cette pointe-là, si elle orne le discours, ne l'organise pas. Elle est comme donnée par surcroît. On en dira autant de celle que se permet Antiochus :

> *J'espérais de verser mon sang après mes larmes* [126].

L'une et l'autre se glissent au détour de ce que les personnages qualifient eux-mêmes, Hippolyte de « récit », *le récit d'un amour si sauvage* [127], Antiochus d' « histoire » :

> *Heureux dans mes malheurs d'en avoir pu sans crime*
> *Conter toute l'histoire aux yeux qui les ont faits* [128].

Regardons le récit d'Hippolyte. Il est construit sur la même idée que la tirade d'Alexandre : l'insensible cède enfin à l'amour. Mais ce qui chez l'un fournissait une antithèse presque intemporelle devient chez l'autre un événement lourd de violence.

> *Un moment a vaincu mon audace imprudente* [129].

Et cet événement revit, imaginairement, dans le mouvement même qui a précipité le discours :

> *Puisque j'ai commencé de rompre le silence,*
> *Madame, il faut poursuivre* [130].

Toutes barrières brisées, le héros est emporté par les flots.
  Ce qui suit se dit au présent :

> *Portant partout le trait dont je suis déchiré,*
> *Contre vous, contre moi, vainement je m'éprouve* [131].

C'est le présent de l'infinie durée, de la répétition obsédante, de la fascination à laquelle on n'échappe pas. Ce qu'on raconte n'a pas d'ordre, car chaque jour en ramène la douleur. Et le récit se défait en images, donne à voir des forêts, un arc, des javelots, un char. On laisse au lecteur le soin de découvrir l'oxymoron du chasseur chassé, qui joue, à neuf vers de distance, entre « trait » et « javelots ». Le jeu des mots le cède à celui des visions.
  On ne peut pas expliquer un amour, on ne peut que le raconter. Depuis *Andromaque*, cette loi est sans exception. Mais avant d'examiner comment elle s'applique, il convient de considérer un de ses effets les plus curieux.
  Atalide et Bajazet s'aiment depuis l'enfance. Leur histoire est si simple qu'on aurait peine à la développer, si Roxane, par son désir tout-puissant, n'avait fait naître les obstacles et multiplié les événements. Aussi l'entendons-nous conter trois fois, par Atalide à sa confidente, par Bajazet à Roxane, enfin, à la même Roxane, par Atalide [132].
  Bajazet n'aime pas Roxane. On le presse pourtant de lui faire bon visage, et il se rend à la raison. Mais Racine, alors qu'il nous montre comment, par trois fois, le prince résiste

à la sultane, nous dérobe la scène où il se montre plus galant. Par quelle raison ? On ne peut évoquer aucune des règles sacrées de la tragédie, ni la bienséance, ni l'unité de lieu. Il faudrait supposer que, n'ayant, et pour cause, rien à raconter, Bajazet s'est trouvé contraint de recourir aux pointes, et aux pointes seules.

De cette scène qui n'a jamais été écrite, il subsiste un fragment, car Acomat, qui a pu assister à son dénouement, en fait un compte rendu.

> *L'une a tendu la main pour gage de sa flamme ;*
> *L'autre, avec des regards éloquents, pleins d'amour,*
> *L'a de ses feux, madame, assurée à son tour* [133].

Le vizir nous a prévenus qu'il n'avait jamais fait *de l'amour le vil apprentissage* [134]. Selon toute vraisemblance, il ne connaît de la langue galante que les rudiments. On s'en rend bien compte : rarement les métaphores classiques ont paru si banales, si froides. Décidément, il fallait sauter la scène où Bajazet feignait l'amour. Il n'aurait pu y dire que des platitudes.

L'amour se raconte, parce qu'il est d'abord un événement ou une chaîne d'événements. Il y a, en premier lieu, la rencontre, puis, souvent, les obstacles, les malheurs, tout ce qui éloigne l'amant de ce qu'il aime. C'est à détailler toutes ces vicissitudes que s'emploie Antiochus, en une longue tirade, à peine interrompue par une exclamation de Bérénice. Mais il n'a pas manqué d'évoquer pour commencer, en termes pour nous désuets, la scène de la rencontre :

> *Madame, il vous souvient que mon cœur en ces lieux*
> *Reçut le premier trait qui partit de vos yeux.*
> *J'aimai* [135].

Le passé simple, comme on sait, dit un événement ponctuel, le « moment » dont parlait Hippolyte. La langue française n'a pas de mot pour désigner cet instant unique, cette fascination soudaine ; il faudrait emprunter à l'italien son *innamoramento*. Il faudrait se souvenir de Pétrarque, dont Racine cite les vers, dans ses lettres d'Uzès.

L'*innamoramento*, c'est la rencontre, c'est la vision. C'est le premier regard de la dame. C'est la brûlure soudaine et définitive. Tant pis pour nous si nous ne croyons plus à la flèche d'Amour, à ce « trait » dont l'amant, comme un chevreuil, porte en tous lieux la pointe. Mais des générations de critiques ont raillé le pétrarquisme, ses thèmes rebattus, ses antithèses artificielles, sa délectation à souffrir en jouant sur les mots. Et nous avons parfois de la peine à percevoir, à travers tous leurs commentaires honnêtement sensés, la réalité des sensations, tout l'imaginaire d'un corps.

Roland Barthes l'a parfaitement dit : « L'Éros racinien ne s'exprime jamais qu'à travers le récit. L'imagination est toujours rétrospective et le souvenir a toujours l'acuité d'une image [136]. » Et ailleurs : « Aimer, c'est voir [137]. »

Entre la rhétorique qui analyse les raisons que l'on a d'aimer et celle qui donne à voir la scène première et fatale, Racine a choisi. Lors même qu'Aricie disserte agréablement sur les véritables mérites d'Hippolyte, sur ses qualités morales, bien supérieures à ses charmes physiques, elle ne manque pas de prononcer d'abord le mot « voir ».

> *Mes yeux alors, mes yeux n'avaient pas vu son fils* [138].

Et c'est le même mot qu'emploie Xipharès :

> *Faut-il vous dire ici que le premier de tous*
> *Je vous vis* [139].

Il ajoute : *Je m'en souviens tout seul* [140].

L'amour partagé est une communauté de souvenirs. Et Bérénice, dans son désespoir, découvre la pire horreur :

> *Tout cet appartement préparé par vos soins,*
> *Ces lieux, de mon amour si longtemps les témoins,*
> *Qui semblaient pour jamais me répondre du vôtre,*
> *Ces festons, où nos noms enlacés l'un dans l'autre*
> *A mes tristes regards viennent partout s'offrir,*
> *Sont autant d'imposteurs que je ne puis souffrir* [141].

Si l'on tient absolument à donner de *Bérénice* une interprétation psychologique, on pourrait avancer que la reine ne
consent à partir qu'au moment où elle est assurée de l'amour
de Titus.

> *Ce jour, je l'avouerai, je me suis alarmée :*
> *J'ai cru que votre amour allait finir son cours.*
> *Je connais mon erreur, et vous m'aimez toujours* [142].

Comment le sait-elle ?

Racine donne deux indications de mise en scène. Avant sa
dernière tirade, qui clôt la pièce, et où figurent les vers que
nous venons de citer, Bérénice se lève. Elle est restée silen-
cieuse pendant les explications d'Antiochus et le long discours
de Titus : à la réserve d'un *hélas!*, elle n'a rien dit depuis la
dernière expression de sa colère.

> *Que me sert de ce cœur l'inutile retour ?* [...]
> *Voilà de votre amour tout ce que je désire.*
> *Lisez, ingrat, lisez, et me laissez sortir* [143].

Après une courte réplique de Titus, Racine indique : *Bérénice
se laisse tomber sur un siège.* Pourquoi a-t-elle renoncé à fuir ?
Titus a simplement dit :

> *Vous cherchez à mourir ? et de tout ce que j'aime*
> *Il ne restera plus qu'un triste souvenir* [144] !

Il semblerait que ce seul mot de « souvenir » ait comme un
effet magique, que lui seul puisse persuader la reine. Aucune
protestation d'amour, si véhémente soit-elle, ne peut rempla-
cer la pressante évocation d'une histoire commune.

L'aveu de Xipharès est empreint de tristesse. Il répète :
« Ne vous souvient-il plus ? » Et la double interrogation
retombe.

> *Je m'en souviens tout seul : avouez-le, madame,*
> *Je vous rappelle un songe effacé de votre âme* [145].

La réponse de Monime se fait attendre. Elle n'intervient qu'à
l'acte suivant, et ne peut le faire qu'en reprenant point par

point le récit de Xipharès. A nouveau on évoque le moment de l'*innamoramento* :

> *Songez depuis quel jour ces funestes appas*
> *Firent naître un amour qu'ils ne méritaient pas* [146].

On rappelle espoirs, tourments. C'est pour conclure :

> *Vous n'en sauriez, seigneur, retracer la mémoire,*
> *Ni conter vos malheurs, sans conter mon histoire.*
> *Et, lorsque ce matin j'en écoutais le cours,*
> *Mon cœur vous répondait tous vos mêmes discours.*
> *Inutile, ou plutôt funeste sympathie* [147]*!*

La sympathie n'est pas seulement une communauté de sentiment, c'est d'abord une communauté d'histoire.

Entre Phèdre et Hippolyte, cette sympathie n'a jamais existé. Phèdre s'efforce à lui substituer au moins le souvenir d'une inimitié :

> *Toi-même en ton esprit rappelle le passé.*
> *C'est peu de t'avoir fui, cruel, je t'ai chassé* [148].

Même cet amour fou, cet amour sans espoir, cet amour déguisé en haine, enseveli dans le silence, on peut le raconter ; le récit va jusqu'à embrasser ce qui vient de se produire, *Cet aveu si honteux* [149]. Mais l'aveu lui-même a pris la forme d'un récit. Comme la complicité n'existait pas, il a fallu l'inventer. Et l'on assiste à un phénomène incroyable : l'histoire est d'autant plus pressante, d'autant plus hallucinante, qu'elle n'est pas vraie, qu'elle se crée à mesure qu'elle se dit. La transition la plus artificielle conduit à la plus persuasive des images. Il faut reprendre ce texte trop célèbre pour qu'on ose encore y toucher. Il faut poser la question : d'où vient qu'il passe pour incomparable, alors qu'il est tout entier démarqué de Sénèque ?

C'est à ce rhéteur, fils de rhéteur, que Racine a emprunté l'idée bizarre d'utiliser comme transition le personnage de

Thésée et sa ressemblance avec Hippolyte. Il a même pris soin, à l'acte précédent, au moment où Phèdre avoue à Œnone son amour pour le prince, de préparer cette comparaison :

> *Je l'évitais partout. O comble de misère!*
> *Mes yeux le retrouvaient dans les traits de son père* [150].

Comme dans l'harmonie classique, on se garde d'amener brusquement la dissonance. Convenablement annoncé, le vers que Sénèque prête à Hippolyte :

> « Tu brûles donc pour Thésée d'un chaste amour [151] ? »

peut être traduit presque littéralement :

> *Toujours de son amour votre âme est embrasée* [152].

Et la réponse de Phèdre vient sans effort :

> *Oui, prince, je languis, je brûle pour Thésée* [153].

comme dans Sénèque :

> « Hippolyte, c'est cela : j'aime le visage de Thésée,
> Celui qui jadis fut le sien, dans sa jeunesse [154]... »

Mais il faut faire attention à ce qui précède. Chez l'auteur latin, la reine a déjà dit, et non sans ornements divers, qu'elle aime. Ce verbe sans complément joue le rôle d'une équivoque, dont le prince propose une interprétation en suggérant un nom propre. Dans Racine, le mouvement est tout autre ; l'équivoque est moins dans les mots que dans la vision. Il vient d'être question de Thésée, de sa mort certaine, car Phèdre ne croit pas qu'on puisse descendre vivant aux enfers. Elle se reprend pourtant :

> *Que dis-je ? Il n'est point mort puisqu'il respire en vous.*
> *Toujours devant mes yeux je crois voir mon époux.*
> *Je le vois, je lui parle, et mon cœur* [155]...

Chantal Darget-Phèdre, Jean-Loup Wolf-Hippolyte dans *Phèdre*
(mise en scène : Antoine Bourseiller, décor : Oscar Gustin, 1978)

Une fois de plus, à ce moment crucial, apparaît le verbe « croire ». On croit voir. Le jeu sur les mots produit une hallucination.

C'est alors que prend son essor le plus insensé des récits. Toujours contrôlé, à chaque instant rectifié, il va se déployer dans un irréel fantastique, mais il va imposer la puissance de cet irréel.

D'abord peindre Thésée ; mais ne pas s'amuser, comme Sénèque, à développer un portrait, à évoquer « un tendre duvet sur ses joues pures [156] », à rappeler, comme un trait d'érudition, « la sombre maison du monstre de Cnossos » et « le long fil sur la route tortueuse ». C'est plus tard qu'on parlera de cette histoire, quand on pourra la raconter, c'est-à-dire la revivre, avec Hippolyte comme protagoniste. Donc, pas de portrait. Ce que l'on montre, c'est un mouvement : le vieux Thésée poursuit les femmes,

Volage adorateur de mille objets divers [157],

le jeune Thésée les précède,

traînant tous les cœurs après soi [158].

Les souvenirs reviennent : Phèdre a suivi Thésée. Et qui a prononcé ces vers alors énigmatiques :

Quand pourrai-je, au travers d'une noble poussière,
Suivre de l'œil un char fuyant dans la carrière [159] ?

Et la longue phrase est elle-même attirée vers sa fin

tel que je vous voi [160].

Chez Sénèque, le verbe « voir » est absent, et l'évocation d'Hippolyte conduit à un nouveau développement, parfaitement raisonnable, sur la ressemblance du fils et du père ; mais on n'oublie pas de signaler que le prince a aussi quelque chose de sa mère l'Amazone.

« Sur un visage grec scythe est cette rigueur [161]. »

Ce que cherche le Latin, c'est à finir sa période sur un beau choc de mots, sur une frappante antithèse. Racine n'a cure de ces grâces. Dès qu'Hippolyte est entré en jeu, il doit agir ; et c'est là que doit se placer l'histoire crétoise. On est encore dans l'équivoque ; il est question d'un Thésée qui ressemble à son fils, il est question des « filles de Minos », sans qu'on dise laquelle. A travers une question absurde, Hippolyte va évincer son père ; par le biais d'une correction, d'un « mais non », Phèdre prend la place de sa sœur.

Le passage à l'irréel, qui suppose l'usage du conditionnel, est encore une suggestion de Sénèque :

« Si tu étais entré avec ton père dans les flots de la Crète, C'est pour toi plutôt que notre sœur aurait filé le fil [163]. »

Mais, dans le latin, cette idée ne sert qu'à bâtir une nouvelle antithèse, et abrupte, non sans une érudite et oisive allusion à la divinisation d'Ariane :

« C'est toi, ma sœur, en quelque lieu du ciel étoilé
Que tu brilles, c'est toi que j'appelle : nos causes sont sem-
Une seule famille a séduit les deux sœurs :   [blables.
Toi, le père, et moi, le fils [163]. »

Le récit de Racine oublie Ariane, dont le rôle, repris par Phèdre, se modifie.

> *Un fil n'eût point assez rassuré votre amante.*
> *Compagne du péril qu'il vous fallait chercher,*
> *Moi-même devant vous j'aurais voulu marcher* [164].

Tout change ; maintenant, c'est Hippolyte qui suit Phèdre.

Mais on a remarqué que ce récit rêvé ne suit pas exactement l'ordre chronologique : la mort du Minotaure intervient avant la descente au Labyrinthe. C'est que l'essentiel n'est pas l'exploit du héros. Ce qui compte plus que tout, c'est une image en mouvement : main dans la main, Hippolyte et Phèdre suivent un chemin obscur, descendent vers un lieu profond. C'était là qu'il fallait en arriver.

Oui, Racine imite les Anciens. Pour son *Britannicus*, il fait *un extrait des plus beaux endroits* de Tacite [165]. Et nous avons conservé, fait exceptionnel, des notes pour *Athalie* : citations, références, phrases ou expressions à traduire [166]. Il n'est pas difficile de repérer dans la *Phèdre* de Sénèque tout ce que Racine a pris. Mais la construction est tout autre. On songe à cette anecdote controuvée : Beethoven assistait en compagnie de Paër à la représentation d'un opéra de cet estimable compositeur ; ravi de ce qu'il voyait, il dit à son ami : « Votre opéra est superbe ; il faudra que j'en fasse la musique. » Dans l'un des deux textes, on recherche toutes les occasions de développements connus : portraits, allusions mythologiques ; et surtout, on subordonne l'ensemble à la découverte de frappantes antithèses. Dans l'autre texte, tout est organisé en fonction d'un récit à inventer, qui débouche sur une image obsédante.

Il est à peine besoin de rappeler que cette image se retrouve dans la dernière scène de la tragédie, et aussi dans celle qui clôt le quatrième acte : Phèdre, encore une fois, descend dans le lieu sombre ; et encore une fois, elle prononce les mots : *je crois voir* [167].

Ce qui fait le récit, même imaginaire, c'est moins la liaison des événements que le caractère concret, irrésistible, incontournable de leur apparition indéfiniment répétée.

Dois-je les oublier, s'il ne s'en souvient plus [168] ?

C'est Andromaque qui parle. Elle revit la dernière nuit de Troie. Elle revoit

Pyrrhus, les yeux étincelants [...]
Sur tous mes frères morts se faisant un passage [169].

Ce qui nous retiendra dans cette scène, c'est qu'elle est exactement construite comme une délibération et qu'elle ne parvient pas à en être une. Pyrrhus vient de proposer à Andromaque un choix net : il va l'attendre au temple,

Et là vous me verrez, soumis ou furieux,
Vous couronner, Madame, ou le perdre à vos yeux [170].

(*Le* désigne Astyanax.)

Dans une alternative aussi claire, il y a matière à réflexion, à discussion, à rhétorique. De fait, Andromaque plaide tour à tour pour les deux thèses en présence, ou, plutôt, contre chacune des deux, ce qui revient au même : puisqu'il n'y a que deux thèses, la réfutation de l'une devrait entraîner l'acceptation de l'autre. C'est ce que conclut logiquement Céphise, après la première tirade :

Hé bien! allons donc voir expirer votre fils [171].

Évidemment le terme de « plaidoirie » est ici impropre. Si quelqu'un plaide, et brièvement, c'est la confidente.

Madame, à votre époux c'est être assez fidèle.
Trop de vertu pourrait vous rendre criminelle [172].

Les confidents ont, d'une manière générale, deux moyens de se rendre ridicules : ou bien ils font preuve d'un ébahissement par trop naïf, multiplient les « comment? », les « quoi, Seigneur? », les « est-il possible? » ; ou bien ils développent des arguments de bon sens, tout humides de bonne volonté. Albine explique à Agrippine que Néron est un gentil garçon, Arsace veut faire croire à Antiochus que Bérénice va lui tomber dans les bras. Et Céphise entreprend de démontrer que l'ombre d'Hector n'est jalouse que dans une limite raisonnable.

Pensez-vous qu'après tout ses mânes en rougissent [173] ?

Le confident est presque toujours un passionné de conciliation. A l'entendre, rien n'est grave.

A ces arguments lénifiants, Andromaque se garde d'opposer d'autres arguments. Ce n'est pas la dialectique qui a de la force, c'est, une fois de plus, la vision. Pourquoi ne peut-elle

épouser Pyrrhus? La réponse est à l'impératif : *songe...*
figure-toi... songe... peins-toi...

> *Voilà comment Pyrrhus vint s'offrir à ma vue* [174].

Contre la pression du souvenir à nouveau présent, on ne peut
rien. Pourquoi ne peut-on accepter la mort d'Astyanax?
La réponse est une scène de *l'Illiade*.

> *Hélas! je m'en souviens* [175]...

Curieusement, Andromaque brouille la chronologie ; elle
place cette rencontre au jour même de la mort d'Hector.
Et, en surimpression sur les paroles qu'elle redit, se fait
entendre le vers qu'elle a prononcé quelques instants plus
tôt :

> *Dois-je oublier Hector privé de funérailles* [176] ?

La rhétorique est ici bizarrement utilisée. Car enfin, en principe, l'hypotypose devrait venir à l'appui d'une argumentation
solide. Dans cette scène, elle apparaît seule. La conséquence
est claire : on ne pourra conclure. Et l'on ne conclut pas.

> *Allons sur son tombeau consulter mon époux* [177].

La décision se prendra dans les coulisses. Elle ne doit rien à la
délibération qui précède. Il arrive que le récit perturbe le bon
fonctionnement de la rhétorique.

Catherine Sellers-Andromaque dans *Andromaque*
mise en scène : Jean-Louis Barrault, décor : Bernard Dayde, 1962).

D'un fils victorieux l'autre proscrit la tête

L'exemple d'Andromaque est exceptionnel. Après tout, le récit est un instrument rhétorique indispensable. Il peut se développer en narration, se contracter en allusion ou en exemple. On ne saurait s'en passer, puisque tout l'art consiste à faire que le concret et l'abstrait, le particulier et le général se prêtent un mutuel appui.

Dans une situation simple, lorsqu'il s'agit de soutenir une cause et non de se prononcer sur une alternative, la suprême habileté peut consister à paraître se satisfaire de données brutes, à taire les raisonnements qui pourraient s'appuyer sur elles. Cette procédure s'apparente à celle de l'enthymème : non pas le syllogisme dans toute sa lourdeur, mais un énoncé logiquement incomplet, qui laisse à deviner ce que l'on dérobe.

C'est la technique utilisée par Agrippine au début du quatrième acte de *Britannicus*.

> *J'ignore de quel crime on a pu me noircir :*
> *De tous ceux que j'ai faits je vais vous éclaircir* [178].

Ici, pas de descriptions vives, pas de présent narratif, pas de visions. La vérité nue, mais la vérité des faits. A peine indiquée, l'articulation est visible pourtant.

> *Voilà tous mes forfaits. En voici le salaire* [179].

C'est une manière élégante d'annoncer un plan, et de suggérer une conclusion qui ne sera exprimée que plus tard, et encore sous une forme *ad hominem*, et sans le nécessaire détour par l'exposé des principes :

> *Vous êtes un ingrat, vous le fûtes toujours* [180].

Là encore, il s'agit d'une tentative exceptionnelle.

Le plus souvent, lorsqu'un fait réel se glisse dans une argumentation, c'est à titre d'exemple. Le principe illustré figure par ailleurs en toutes lettres. Ainsi lorsque Théramène entreprend de persuader Hippolyte qu'il est permis de brûler d'un chaste amour, il évoque Hercule, puis, comme l'exemple pourrait paraître douteux, il va chercher Antiope, la propre mère du jeune prince [181]. Chose étrange, pour étayer une thèse assez proche, Œnone recourt au même procédé. La thèse, pour une fois, prend la forme d'une sentence :

> *La faiblesse aux humains n'est que trop naturelle* [182].

Et voici l'exemple, dont l'inexactitude fait la force, car elle suppose un raisonnement *a fortiori* :

> *Les Dieux même, les Dieux, de l'Olympe habitants,*
> *Qui d'un bruit si terrible épouvantent les crimes,*
> *Ont brûlé quelquefois de feux illégitimes* [183].

Hercule aussi ; il est d'ailleurs presque dieu. La saine réthorique mène parfois à de bien inquiétantes suggestions.

Il n'est pas nécessaire de s'étendre longuement sur la technique de l'exemple. Son fonctionnement est assez clair, et visibles les dangers qu'elle recèle pour la vérité et les bonnes mœurs.

Ce qui est plus intéressant, c'est que l'exemple prend souvent chez Racine une forme un peu particulière, pour laquelle un nom spécial serait requis : les juristes disent « précédent » ; mais il est fréquent que les rhéteurs soient des juristes.

Mis en présence de Roxane, Bajazet tente de négocier. Le marché qu'on lui propose ne comporte pas la moindre imprécision : ou il devient sultan et il épouse Roxane, ou il meurt. Pour lui, il voudrait devenir sultan, ne pas mourir et ne pas épouser Roxane. Son argumentation, plus que discrète, repose sur une loi.

> *Madame, ignorez-vous que l'orgueil de l'Empire...*
> *Que ne m'épargnez-vous la douleur de le dire* [184] ?

Roxane l'a dit, un peu plus tôt, à Atalide :

> *Je sais que des sultans l'usage m'est contraire;*
> *Je sais qu'ils se sont fait une superbe loi*
> *De ne point à l'hymen assujettir leur foi* [185].

D'un point de vue juridique, cette confusion de l'usage et de la loi a quelque chose de choquant. Mais Roxane n'y regarde pas de si près. Acomat est plus précis :

> *Mais cet usage, enfin, est-ce une loi sévère* [186] ?

Roxane balaie superbement *ces lois imaginaires*, et propose un exemple – c'est le mot qu'elle utilise – où elles ne furent pas appliquées.

> *Soliman jeta les yeux sur Roxelane* [187].

Elle précise que, comme modèle, elle n'a pas choisi le premier venu. Soliman est un ancêtre glorieux.

Mais pourquoi l'évoquer ? Pour montrer qu'il existe une autre loi, opposée à celle dont se réclame Bajazet ? Non. Il s'agit seulement de faire voir qu'il n'est pas impossible de se soustraire à la loi. Aussi Bajazet n'est-il pas exactement invité à respecter de nouveaux principes qui se sont appliqués, entre autres, dans le cas de Soliman. Il n'a pas à reconnaître des maximes générales que viendrait illustrer l'exemple de l'illustre aïeul. Ce qu'on lui demande, c'est au fond de s'identifier à Soliman, sans que soit nécessaire un détour par l'universel.

Très logiquement, sa réponse ne le conduit pas à contester la validité de l'exemple, mais à mettre en doute qu'il lui soit possible, à lui, d'agir comme le modèle. Il ne dit pas que Soliman a eu tort. Il dit seulement que, quant à lui, il n'est pas Soliman.

> *Il est vrai. Mais aussi voyez ce que je puis,*
> *Ce qu'était Soliman, et le peu que je suis* [188].

La comparaison se fait d'individu à individu. Elle permet un développement où les idées générales, à travers l'énumération de faits concrets, retrouvent tout leur pouvoir : Soliman devient l'exemple du souverain tout-puissant, Bajazet, celui du prétendant sans pouvoir. Et le raisonnement semble s'appuyer sur un principe universel : on ne viole pas la loi quand on est trop faible pour le faire.

Il reste que, l'espace d'un instant, on a vu apparaître un autre mode de pensée, qui ne rappelle en rien cette logique dont la rhétorique s'institue et l'élève et le singe. Dans sa rébarbative technicité, notre analyse ne tendait à rien d'autre qu'à mettre en évidence ce point : obéir à une loi est tout autre chose que s'identifier à un modèle. Ce qui est en jeu ici, c'est la nécessité de reproduire les gestes de l'ancêtre, parce qu'il est un ancêtre, et non parce qu'il a raison.

Sommes-nous dans un monde archaïque ? Nous hésitons à le dire, car enfin, en droit moderne, le précédent n'a nullement un effet magique. Serait-ce que le terme était impropre ? Racine, en bon helléniste qu'il est — talent peu répandu à son époque —, connaît parfaitement ces vieilles légendes de lignées maudites, où les crimes des parents semblent imposer aux enfants d'en commettre de semblables. Ce savoir, il l'utilise dès ses débuts, puisque, dans la première scène de *la Thébaïde*, Jocaste dit au soleil :

> *Mais ces monstres, hélas! ne t'épouvantent guères;*
> *La race de Laïus les a rendus vulgaires;*
> *Tu peux voir sans frayeur les crimes de mes fils,*
> *Après ceux que le père et la mère ont commis.*
> *Tu ne t'étonnes pas si mes fils sont perfides,*
> *S'ils sont tous deux méchants, et s'ils sont parricides.*
> *Tu sais qu'ils sont sortis d'un sang incestueux,*
> *Et tu t'étonnerais s'ils étaient vertueux* [189].

Cette malédiction de la race, il ne faut pas oublier que Racine la rencontre aussi dans la Bible. Mais demeurons avec les Grecs.

Oreste à Hermione :

> *Hé bien! allons, madame :*
> *Mettons encore un coup toute la Grèce en flamme ;*
> *Prenons, en signalant mon bras et votre nom,*
> *Vous, la place d'Hélène, et moi, d'Agamemnon.*
> *De Troie en ce pays réveillons les misères,*
> *Et qu'on parle de nous ainsi que de nos pères* [190].

Est-ce une innocente manière de parler ? Une fois de plus le poids du passé s'exerce sur les personnages ; mais ce n'est plus de leur histoire propre qu'il s'agit. C'est de celle de leurs ancêtres. La figure d'Hélène est présente dans *Andromaque*. A plusieurs reprises, Oreste parle d'enlever Hermione. Il a certes pour cela d'excellentes raisons, et la vraisemblance psychologique ne souffre pas un instant. Mais faut-il tenir pour rien le fait que la princesse est fille de sa mère, et prédisposée par là au rapt ?

Hélène revient dans *Iphigénie*, peinte sous les couleurs les plus noires. Clytemnestre parle du « crime » de sa sœur, et nul ne s'avise de la contredire. Elle propose même une solution sauvage :

> *Si du crime d'Hélène on punit sa famille,*
> *Faites chercher à Sparte Hermione sa fille* [191].

Mais le texte va plus loin ; il ne se contente pas de reporter sur des innocents la responsabilité de leurs parents coupables. Il fait d'une autre fille d'Hélène, connue sous le nom d'Ériphile, un véritable monstre. Calchas le dit en termes lourds de sens :

> *Sous un nom emprunté sa noire destinée*
> *Et ses propres fureurs l'ont ici amenée* [192].

Il semble que la destinée et les fureurs tendent à se confondre. Peut-être est-ce aller trop vite que de dire, comme on l'a fait, que le destin du personnage racinien est un autre nom de sa passion. Et si c'était le contraire ?

Mais, évidemment, c'est dans *Phèdre* que l'identification joue le plus clairement.

> *O haine de Vénus! O fatale colère!*
> *Dans quels égarements l'amour jeta ma mère* [193] *!*

Ici la compulsion est d'autant plus sensible qu'elle est passionnément combattue, que la bienséance empêche même de la dire clairement. Phèdre est fille de Minos et de Pasiphaé, du plus juste des juges et de l'infâme. Œnone même est emportée dans le tourbillon de la légende ; on lui réserve le rôle de Dédale, celui de l'entremetteur.

> *Sers ma fureur, Œnone* [194]*...*

Par un apparent paradoxe, Racine semble ici plus primitif qu'Euripide. Mais la chronologie stricte est trompeuse. Euripide rationalise la donnée légendaire ; Aphrodite, chez lui, vient expliquer par quelle raison, poursuivant un Hippolyte rebelle à son culte, elle songe à utiliser Phèdre comme un instrument. Elle a même pitié de la malheureuse. Car c'est Hippolyte qu'elle déteste, et à bon droit : il ne cesse de l'injurier. Racine se souvient de cette interprétation. Dans la bouche de Phèdre, il met cette prière à Vénus :

> *Déesse, venge-toi : nos causes sont pareilles* [195]*.*

Mais il s'agit d'un détail épisodique. Dans toute la pièce, et même huit vers avant celui que nous venons de citer, c'est Phèdre elle-même qui est pour Vénus un objet de haine implacable. Et cette haine est sans raison, aussi farouche et aussi absurde que celle du peuple romain pour les reines.

Pourtant Racine a relu Sénèque, et avec soin. Il ne peut pas ignorer cette invention tardive, cette rationalisation de commentateurs inquiets : si Vénus poursuit la race du Soleil, c'est parce que ce dieu est allé révéler à Vulcain les turpitudes de son épouse. S'accommode qui voudra de cette anecdote. Racine n'en souffle mot, à moins que « fatale colère » n'y fasse allusion. Mais l'allusion est si obscure! Le résultat est ce que nous voyons : Phèdre ne peut pas ne pas commettre un crime aussi horrible que celui de sa mère.

Nous percevons ici le modèle comme une malédiction. De fait, l'imprécation ne manque pas de l'évoquer.

> *Vous ne démentez pas une race funeste.*
> *Oui, vous êtes le sang d'Atrée et de Thyeste.*
> *Bourreau de votre fille, il ne vous reste enfin*
> *Que d'en faire à sa mère un horrible festin.*
> *Barbare* [196]*!*

Quand on insiste sur la férocité de Racine, quand on la dit sauvage, archaïque, primitive, c'est peut-être sur ce mot de « barbare » que l'on s'appuie. Mais, à le prendre vraiment au sérieux, on va loin.

Car elle est barbare, l'idée que le fils doit répéter le geste du père. Mais elle ne se rencontre pas que dans les lointains sanglants de la légende.

> *Non, je suis un barbare* [197].

C'est Titus qui parle, à Rome, à la plus belle époque de l'Empire, quand fleurissent les bonnes lettres et les raffinements de la civilisation. Qui est barbare ?

Regardons-les, ces Romains. Ils ont toujours à la bouche le mot de « grand exemple ». Et Titus, qui les croit, rêve

> *De laisser un exemple à la postérité,*
> *Qui, sans de grands efforts, ne puisse être imité* [198].

Voyons quels exemples ont laissés les ancêtres. Il faut noter que Racine a rajouté les vers qui suivent en 1676, c'est-à-dire, peut-être, à l'époque où il composait *Phèdre*.

> *L'un, jaloux de sa foi, va chez les ennemis*
> *Chercher, avec la mort, sa peine toute prête;*
> *D'un fils victorieux l'autre proscrit la tête;*
> *L'autre, avec des yeux secs, et presque indifférents,*
> *Voit mourir ses deux fils, par son ordre expirants* [199].

A quelle maxime rattacher ces exemples ? A la plus brutale : il faut obéir à Rome. C'est exactement ce que dit Titus. Il ne nomme aucune de ces vertus que, dans les panégyriques, on peut invoquer pour justifier la rigueur de Régulus, le triste courage de Manlius Torquatus et celui de Décimus Brutus. Ce qui découle de tous les exemples ainsi présentés, c'est une obligation de verser le sang, le sien, celui de ses proches.

Titus a bien retenu sa leçon. C'est Paulin qui lui a appris comment il faut raisonner : qu'importe que la loi soit juste ou cruelle ? César, le grand ancêtre, l'a lui-même respectée. Il s'est détaché de Cléopâtre [200]. A la limite, il ne s'agit pas de savoir où est le droit ; il s'agit d'imiter scrupuleusement le geste du modèle. Et Titus obéit. Lorsqu'il songe à se tuer – est-il sincère ? exerce-t-il un odieux chantage ? nous ne le saurons pas –, il ne sait qu'invoquer des modèles, que rejouer leur rôle, que s'identifier à eux [201].

Quant à l'autre Rome, celle de Britannicus, elle est en tout point semblable. Partout des précédents, des exemples.

> *Auguste, votre aïeul, soupirait pour Livie,*
> *Par un double divorce ils s'unirent tous deux* [202].

Donc Néron, qui a, comme on sait,

> *toutes les vertus d'Auguste vieillissant* [203],

répudiera Octavie. On dira que c'est un scélérat qui parle. Mais ce n'est pas la nature du modèle qui est en cause, c'est la pensée même qui fait y recourir. Écoutons Agrippine :

> *Pour se conduire, enfin, n'a-t-il pas ses aïeux* [204] *?*

Burrhus répond :

> *Mais, Madame, Néron suffit pour se conduire.*
> *J'obéis, sans prétendre à l'honneur de l'instruire.*
> *Sur ses aïeux sans doute il n'a qu'à se régler ;*
> *Pour bien faire Néron n'a qu'à se ressembler* [205].

Et ce gouverneur, décidément bon courtisan, va faire de son idée un usage rhétorique qu'il suppose efficace. Dans sa grande harangue de l'acte IV, son suprême argument est de montrer à Néron, comme dans un miroir, l'image de lui-même qu'il lui faut imiter. On en arrive à l'anecdote un peu niaise, largement utilisée dans l'enseignement classique, de Néron refusant

> de souscrire à la mort d'un coupable. [...]
> *Je voudrais, disiez-vous, ne pas savoir écrire* [206].

L'image de Néron le contraint. Il le sait. Il le répète.

> *Quoi donc ? qui vous arrête,*
> Seigneur ?
> *Tout : Octavie, Agrippine, Burrhus,*
> *Sénèque, Rome entière, et trois ans de vertus* [207].

Il le sait. Mais Burrhus le sait aussi.

> *Enfin, Burrhus, Néron découvre son génie.*
> *Cette férocité que tu croyais fléchir*
> *De tes faibles liens est prête à s'affranchir* [208].

« Cette férocité », c'est, semble-t-il, la véritable nature de Néron. Le Néron vertueux n'est qu'un leurre, une fabrication de Burrhus. Mais on ne peut le dire que lorsqu'on est seul. A l'intéressé il faut cacher, pour son bien, ce que l'on pense de lui. Il faut le contraindre à s'identifier à son image mythique.

Car c'est bien de mythe qu'on doit ici parler, le mot ne désignant pas seulement une légende consacrée par la tradition, mais un certain mode de pensée tel qu'explication et justification passent toutes deux par l'identification à la figure primitive. Certes, il n'est pas de civilisation, si archaïque soit-elle, où fasse défaut la catégorie du général. Mais autre chose est de donner des raisons abstraites pour qu'un geste, un comportement paraisse intelligible et légitime, autre chose d'en référer d'abord à l'autorité du modèle ancestral.

Or la technique rhétorique de l'exemple est ambiguë : l'exemple est-il, comme dans un exposé grammatical, l'illus-

Néron féroce
(Roland Alexandre-Britannicus, Renée Faure-Junie, Jean Marais-Néron
dans *Britannicus*, mise en scène et décor : Jean Marais, 1952)

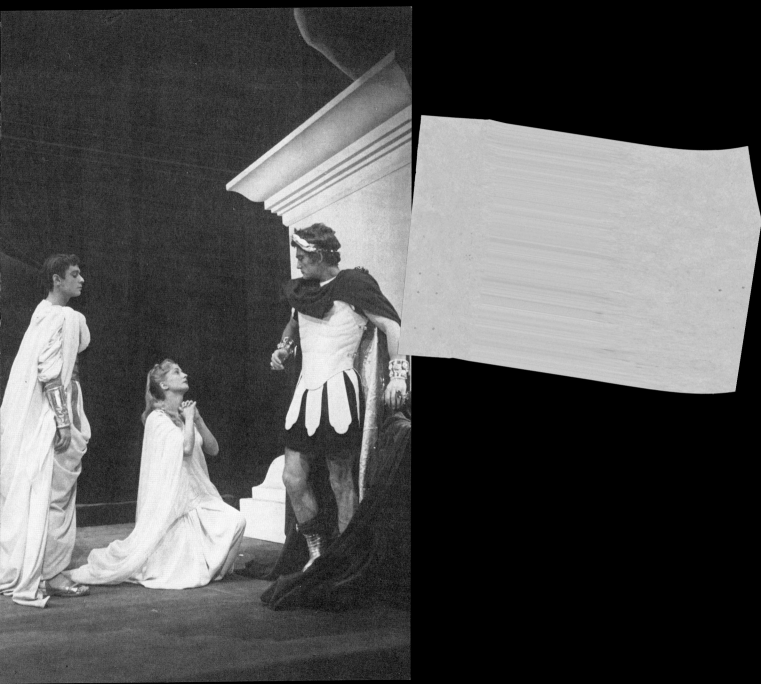

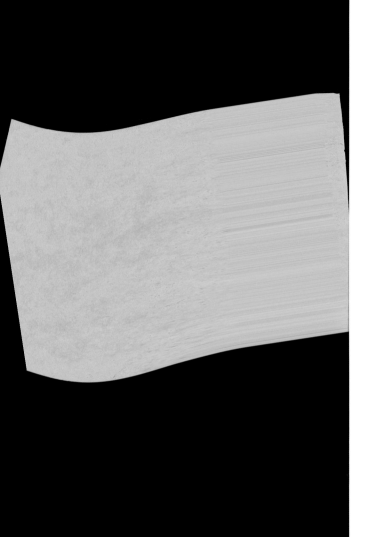

tration particulière d'une loi qui peut et doit être exprimée en termes généraux ? Ne peut-il jouer parfois le rôle d'un modèle mythique ?

Il semble que Racine, consciemment ou non, fasse agir cette ambiguïté. Il connaît trop bien les civilisations antiques, il a trop de scrupule à en retracer fidèlement l'esprit pour ne pas paraître, à de certains moments, avoir deviné tout ce que leur logique a pour nous d'étranger.

Mais s'il en est ainsi, la ressemblance entre Thésée et son fils devient tout autre chose qu'une transition rhétorique d'allure artificielle ; elle implique l'identité des deux personnages, leur fusion dans une figure commune. Ce que Phèdre rejoue, c'est aussi l'histoire d'Ariane, que Thésée abandonne après l'avoir enlevée. Et le texte racinien, parce qu'il est riche en ornements, en comparaisons de toute sorte, semble en plus d'un endroit tendre des pièges. « Mais pourquoi a-t-il fait Hippolyte amoureux ? » A cette question que la tradition attribue au grand Arnauld, plusieurs réponses sont possibles, et toutes exactes. Il vient s'en ajouter une autre. Dès la première scène, le prince fait une rapide biographie de son père, en prenant soin de distinguer les nobles exploits du héros des aventures moins glorieuses de l'amant volage. Tout ce développement n'a qu'un but : prouver qu'Hippolyte, toujours attristé à la pensée que Thésée est un vil séducteur, ne peut psychologiquement pas avoir cédé lui-même aux attraits d'un « fol amour ». Encore une belle plaidoirie d'autant plus véhémente qu'elle est mensongère.

Fils de Thésée, Hippolyte ne peut pas ne pas aimer. Il s'en défend de toute sa force ; et Racine lui prête une main secourable. Il y a, dans son théâtre, peu de jeunes filles qui soient, autant qu'Aricie, respectueuses de la vertu la plus exacte. Aricie est la seule à se défendre d'aimer un homme parce qu'il est beau :

> *J'aime, je prise en lui de plus nobles richesses,*
> *Les vertus de son père* [209]...

Elle est la seule à craindre un amant qui n'a point songé à lui parler mariage. De combien de brocards n'a-t-on pas accablé la pauvrette ? « Pensionnaire, petite oie... » Il est de fait que jamais Racine ne lui a donné l'occasion de faire vibrer la voix, qu'elle n'a jamais tant de charme que lorsqu'elle n'est pas en scène : dans l'évocation, par Phèdre, d'un amour paradisiaque :

Tous les jours se levaient clairs et sereins pour eux [210],

dans le récit, par Théramène, de sa rencontre avec Hippolyte mort :

Elle voit Hippolyte, et le demande encore [211].

Pour que le prince échappe à la ressemblance contraignante avec son père, il faut que son amour soit aussi respectable que possible. Mais cet amour lui-même a été inventé pour que le fils soit un peu coupable. On est à deux doigts d'une contradiction.

Euripide avait plus de chance. Chez lui, Hippolyte détestait les femmes. Les femmes, oui, mais les immortelles ? On s'interroge encore sur la nature exacte du lien qui unit à Artémis son jeune adorateur ; on a souvent insisté sur la véritable tendresse qui baigne leurs paroles, au moment de leurs adieux. Artémis est par excellence la déesse vierge ; elle s'oppose en tout point à Aphrodite. Et la tragédie d'Euripide apparaît, à certains égards, comme un épisode de la guerre sans fin que se livrent les deux divinités. Hippolyte ne peut pas être l'amant d'Artémis. Mais on a parfois envie de commettre un énorme anachronisme, de parler le français médiéval ou l'occitan des troubadours, de dire qu'Artémis est sa Dame. Le mot n'est peut-être pas plus douteux que celui de « mystique », qui a été plus d'une fois prononcé, et sagement combattu.

Mon cœur pour s'épancher n'a que vous et les Dieux [212].

Dans Euripide, c'est Artémis qui, à la fin, descend sur terre pour révéler à Thésée la vérité sur la mort d'Hippolyte. Dans Racine, Phèdre lui ravit cette fonction. Nous ne le regrettons pas. Mais nous nous souvenons qu'Aricie a failli éclairer le roi et s'est soudain tue, en malmenant la versification d'une manière inouïe :

> *Mais tout n'est pas détruit et vous en laissez vivre*
> *Un* [213]...

Il y a, dans Euripide, une colère d'Artémis contre Aphrodite, dont elle jure de se venger. Devant le cadavre d'Hippolyte, Aricie reste immobile, et

> *Par un triste regard elle accuse les dieux* [214].

Ajoutons que le personnage d'Aricie figure dans Virgile, qu'il donne son nom à une ville célèbre par son culte de Diane, et que Racine sait tout cela.

Qu'en déduire ? Que, littéralement, Aricie est celle que les Grecs appelaient Artémis et les Romains Diane ? Il n'en est pas question. La tragédie n'aurait plus de cohérence. Deux immortels seuls y jouent un rôle : Vénus, qui poursuit la famille de Phèdre, et Neptune, qui rend à Thésée un funeste service. Il est vrai qu'on cite aussi Junon et Diane, dans la scène que Jean-Louis Barrault a appelée « le mariage mystique d'Hippolyte et d'Aricie ». Mais l'une et l'autre sont traditionnellement les divinités protectrices du mariage et figurent en cet endroit presque à titre d'allégorie.

Ce qui est en cause, par-delà une interprétation hasardeuse, c'est l'impossibilité réelle où se trouve l'écrivain de contrôler jusqu'au bout la multiplicité exubérante des matériaux qu'il a accumulés pour les concentrer dans une œuvre brève. Analyser la construction d'une tragédie de Racine, suivre le poète dans les voies tortueuses qu'il ouvre à travers le maquis de son érudition, c'est faire un travail fastidieux, inutile aux yeux de ceux qui préfèrent les morceaux choisis, qui bâillent pendant l'ouverture et les interludes, et ne s'animent que lorsque paraît Rachel, ou Sarah Bernhardt, ou la Berma.

Mais, nous le savons, les préfaces sont là pour en témoigner, Racine est sensible au moindre détail. Il ne néglige rien. Il veut tout contrôler. Il renchérit encore sur les exigences pourtant pharamineuses de la doctrine classique, ne se contente point de développer bravement des idées vraisemblables, multiplie les noms propres, les citations, les allusions, fait tenir en trois mots un monde de souvenirs.

Malgré la légendaire clarté de sa langue, c'est un auteur extrêmement difficile, comme l'est parfois Homère. C'est que, quelle que soit sa maîtrise, il ne peut physiquement pas dompter tous les rêves que projettent ces mots qu'il fait miroiter, ces poètes dont il emprunte un instant la mélodie, ces légendes parfois vraies dont il voudrait ne rien perdre.

La rhétorique enseigne à dominer le discours. Mais son pouvoir est fallacieux. Pour arrêter le glissement du sens, pour endiguer le déluge d'images, elle n'a qu'un recours, l'interdit, au nom du goût. Et l'on s'inquiète que Racine ait écrit :

Brûlé de plus de feux que je n'en allumai [215].

Mais enfin, les vrais feux qui ont consumé Troie n'ont rien à voir avec les feux métaphoriques de l'amour ! On souffre pourtant cette pointe, parce qu'elle est de Racine, et parce qu'elle ne rompt pas la cohérence du discours.

Or cette cohérence serait rompue si un personnage cessait d'être lui-même. Phèdre parle d'Hippolyte comme d'un Dieu [216]. Faut-il prendre l'expression au pied de la lettre ? Que se passerait-il si ces hommes et ces femmes perdaient leur identité ?

C'est ce qui les menace pourtant. Peut-on s'identifier sans se perdre ? Cette question pour barbares est aussi celle qui devrait se poser au comédien.

Qui suis-je?

Qui suis-je? Est-ce Monime? Et suis-je Mithridate [217]?

Est-ce Pyrrhus qui meurt? et suis-je Oreste enfin [218]?

Qui suis-je? La question est rituelle, comme on dit, bien à sa place dans un monologue bien fait. Mais on ne la résoudra pas en parlant de cliché. Car il faut encore savoir pourquoi le cliché intervient.

Si Oreste s'interroge sur son identité, ce n'est pas seulement parce qu'il doute d'avoir bien entendu ce qu'il vient d'entendre. C'est justement parce que son souvenir est trop vif.

Je suis, si je l'en crois, un traître, un assassin [219].

C'est contre cette image qu'il se rebelle, contre l'assimilation qu'Hermione vient de faire de lui à un vulgaire criminel. Une fois de plus, la psychologie trahit ici son véritable caractère : appuyée sur les discours des autres personnages, elle ne peut que refléter du même coup leurs passions, se charger d'un jugement.

L'étrange, c'est que, quelques vers plus loin, Oreste s'applique à lui-même un des mots qu'il refusait quand c'était Hermione qui le prononçait :

Je deviens parricide, assassin, sacrilège [220].

Et il a déjà dit :

J'assassine à regret un roi que je révère [221].

Objectivement, Oreste est un assassin, mais ce n'était pas à Hermione de le dire. Pourquoi?

On répondra : parce qu'elle avait elle-même donné l'ordre, parce qu'il est incroyable qu'elle ne s'en souvienne plus, qu'elle ait lancé le célèbre *Qui te l'a dit ?* L'ordre une fois donné, Oreste a résisté autant qu'il a pu. Il n'a cédé que devant la menace d'être à jamais chassé, mais aussi parce qu'il a compris que, s'il se récusait, Hermione agirait elle-même. Cette explication est simple, et juste. Elle ne dit pas tout. Elle ne dit pas explicitement que le meurtre doit avoir lieu, quelle que soit la main qui le commettra. Ce n'est pas exactement un ordre que donne Hermione, c'est un rôle. On peut en charger n'importe qui.

Il y a, de même, un rôle de victime, un emploi, qui sera occupé par le premier venu.

> *Tout me sera Pyrrhus, fût-ce Oreste lui-même.*
> *Je mourrai; mais au moins sa mort me vengera.*
> *Je ne mourrai pas seule, et quelqu'un me suivra* [222].

Son acte accompli, condamné par Hermione, Oreste enfin aperçoit son passé, ce rôle qui lui colle à la peau, et qu'il ne reconnaît pas.

> *Et l'ingrate, en fuyant, me laisse pour salaire*
> *Tous les noms odieux que j'ai pris pour lui plaire* [223] *!*

Dans la scène précédente, Oreste coïncidait avec son rôle. Aussi ne faisait-il qu'un récit, dans lequel il était l'acteur principal. Et ce récit se construisait avec un dénouement heureux : le vengeur enlevait la princesse. Il achoppe ; Hermione refuse de jouer. Le spectacle s'écroule.

Il reste une solution : perdre le sentiment, n'être plus soi-même, jouer un autre spectacle, où les rôles seront différents. Hermione vit, Pyrrhus aussi, malgré les coups qu'on lui porte. Et c'est Oreste qui meurt, déchiré, dévoré par celle qu'il aime [224]. Comme la scène de la folie clôt la pièce, on a tendance à le prendre pour un dénouement, dans le sens le plus classique du terme, c'est-à-dire pour une révélation de l'ultime vérité. Et l'on se dit que, au plus profond de lui-même,

Oreste souhaite être dévoré par Hermione. Mais on a alors quelque difficulté à percevoir la cohérence de la pièce.

Lorsque le personnage pose la question : qui suis-je ? il a un complice dans le lecteur. Dans un lecteur qui, comme instinctivement, pose la même question, et veut savoir à quoi s'en tenir. Dans un lecteur qui se réjouit quand une princesse apparemment saine d'esprit dit de son prétendant qu'il est *violent, mais sincère* [225]. C'est presque aussi net qu'une fiche de police ; on va pouvoir faire un portrait de Pyrrhus.

Et ce lecteur n'a pas changé d'un pouce quand il fait usage de la psychanalyse : par-delà les apparences et les dénégations, il découvre la vérité. Néron est sadiquement amoureux de sa mère ; Ériphile aime en Achille le père qui l'a violée. Ces interprétations sont faciles, et un peu monotones ; il convient de voir comment elles sont possibles et quelles limites il convient de tracer à leur impérialisme.

Rappelons d'abord, au risque de passer pour naïf, que le point de départ de Freud est le plus souvent une faille du discours, un lieu où manque à se former sa cohérence : lapsus, oubli de nom propre, récit de rêve, etc. La question se pose : l'absurde est-il à bannir, ou peut-on lui trouver, ailleurs, une cohérence propre ?

Il n'y a pas, dans Racine, de « lieux désespérés », comme disent les philologues, d'obscurités irréductibles. Moyen de contrôle et de domination, la rhétorique fournit un sens acceptable aux expressions les plus étranges, même à cette « flamme si noire » que Racine a peut-être – on hésite à le dire – empruntée à Quinault [226]. Ce qui est certain, c'est que l'extraordinaire complexité de la langue, la constante menace de l'équivoque, la richesse du matériau narratif, des allusions, des citations, multiplient les possibilités d'interprétation.

Le phénomène est visible dans Homère, déjà, ne serait-ce que parce que les comparaisons y sont longuement développées. Mettre en relation Achille et un lion, c'est dire qu'ils ont quelque chose en commun et que, sous un certain rapport, ils diffèrent. Mais la limite n'est pas toujours facile à établir ; si le lion égorge des moutons, faudra-t-il penser que les adver-

« Au beau milieu d'*Andromaque* III, 4, il y a cet éblouissement :
es quatre femmes ensemble » (Antoine Vitez, 1974).

saires d'Achille sont aussi stupides et peureux que ces innocents animaux ?

Racine connaît ces difficultés. Traditionnellement, on allé-
gorise sur l'histoire des compagnons d'Ulysse : Circé les a
transformés en cochons parce que, « s'étant abandonnés au
vin et à la bonne chère », ils sont « devenus comme des cochons ». Racine remarque : *cela ne revient pas bien au sens
d'Homère, qui dit que leur esprit était aussi entier qu'auparavant ;
car il est bien certain que l'ivrognerie et la crapule gâtent l'esprit
tout le premier* [227]. La comparaison des commentateurs laisse
subsister un résidu.

Et parfois, quand on entreprend de prendre en compte ce
résidu, on aboutit à un effet comique, à ce « Witz » que Freud a
longuement analysé. Racine reprend à Aristophane l'idée bur-
lesque du coq condamné à mort parce que, corrompu par un
plaideur, il a trop tardé à réveiller le juge. On sait ce qu'il
advient de cette histoire quand elle passe du grec en français :

> *Il disait qu'un plaideur dont l'affaire allait mal
> Avait graissé la patte à ce pauvre animal* [228].

La comparaison ne cesse de jouer entre les personnages. Elle
peut se faire, comme nous l'avons vu, du personnage à son
modèle mythique, du personnage à son passé, du personnage
au rôle qui lui incombe. Mais toute comparaison comporte à
la fois une ressemblance, qui est mise en lumière, et une dis-
semblance, qu'on s'efforce d'oublier. C'est la raison pour
laquelle Bajazet pouvait argumenter en récusant son identification au grand ancêtre.

Qu'est-ce qu'un personnage ? La rhétorique répond :
un rôle, une suite d'événements qui découlent logiquement
de la donnée d'un caractère. Hippolyte ne peut pas avoir parlé
d'amour à Phèdre parce que, d'une manière générale, il est
opposé à l'amour. Racine tient parfois ce discours ; il se félicite
d'avoir pris à Euripide l'*idée du caractère de Phèdre*, qui est ce
qu'il a *mis de plus raisonnable sur le théâtre* [229]. Ce caractère
repose sur une contradiction, que Racine expose en termes
non psychologiques, mais moraux : *Phèdre n'est ni tout à fait*

coupable, ni tout à fait innocente. Mais, de cette contradiction, il donne une justification curieuse ; selon lui, le crime de Phèdre *est plutôt une punition des dieux qu'un mouvement de sa volonté.* L'unité psychologique est sauve, aux dépens de la vraisemblance.

Dans la préface de *Bérénice*, Racine semble proposer une autre définition de la tragédie : *une action simple, soutenue de la violence des passions, de la beauté des sentiments et de l'élégance de l'expression* [230]. On cherche en vain les personnages. Rien n'est pourtant contraire à la saine doctrine, qui, justement, considère plutôt les passions, quand il est question d'art oratoire, et traite les personnages comme des incarnations, ou des exemples des passions, quand il est question de poésie épique ou dramatique.

Il est bien connu que le personnage classique est le plus souvent le point de rencontre de deux ou plusieurs passions aux effets contradictoires. C'est justement pourquoi il peut discourir. Or il semble que Racine, en pratique, saisisse ses héros moins comme des supports de passions que comme des tenants de rôles. Il nous est déjà apparu que créer un personnage, c'était créer une histoire. Faire Hippolyte amoureux, ce n'était pas lui donner l'occasion de tourner des madrigaux, c'était introduire une série d'événements : la rivalité de Thésée et des Pallantides, la mort sanglante des six jeunes gens, etc. Amoureux d'Aricie, Hippolyte joue un *nouveau rôle*, dont il tire des conséquences rhétoriques : il ne peut pas avoir parlé d'amour à Phèdre, puisqu'il aime Aricie. Cet argument entre en contradiction visible avec celui qu'il vient d'utiliser.

La solution simple, quand on est pris dans deux rôles incompatibles, est de les opposer comme l'apparence à la réalité. Antiochus a besoin de révéler *in extremis* la vérité de l'énigme : il n'est pas le confident amical des amours de Titus, il est l'amant obstiné de la reine. Chacun des deux rôles est soutenu par un passé, doit sa contrainte au poids de ce passé. Il faudrait que l'un des deux fût mensonger. Et si, à un certain moment, Antiochus éclate, c'est parce qu'on veut le confiner dans l'emploi qu'il refuse, parce que cet emploi est décrit en termes d'identification à une figure étrangère.

Bérénice vient de lui dire que, pour elle, il était doux

> *D'entretenir Titus en un autre lui-même.*
> *– Et c'est ce que je fuis. J'évite, mais trop tard,*
> *Ces cruels entretiens où je n'ai point de part* [231].

Je n'est pas un autre.

Heureux les menteurs, les Narcisse,

> *Qui goûtant dans le crime une tranquille paix*
> *Ont su se faire un front qui ne rougit jamais* [232].

Les autres ne savent pas qui ils sont. Ils ne peuvent pas distinguer l'apparence de la réalité.

Quand donc, tous Œdipes dehors, on cherche le dernier mot du personnage racinien, on fait tort au texte. Non point parce qu'on en rompt la cohérence, car cette cohérence n'est jamais totale. Mais justement parce qu'on impose une autre cohérence, d'une ambition elle-même toute rhétorique. Les études littéraires ont sans doute à apprendre de la psychanalyse autre chose qu'une réponse nouvelle à leurs vieilles questions. Qui est l'auteur ? a-t-on longtemps demandé, avec l'espoir de pouvoir, par ce détour évident, comprendre l'œuvre. Qui est le personnage ? Faites son portait psychologique, et vous saisirez la logique de l'ensemble.

On ne se tromperait guère en affirmant que Freud s'intéresse non à des personnes, mais à des histoires, ce qui revient à dire que la notion de rôle est chez lui fondamentale. La caractéristique d'un rôle est de pouvoir être joué par des individus différents ; sinon la notion de transfert n'aurait aucun sens, pas plus que celles de condensation et de déplacement. Chacun joue sans le savoir, outre ceux qui lui sont imposés par la société, un rôle ou des rôles qui lui viennent de son passé. Il se produit, comme on sait, des conflits.

Soit dit en passant, on comprend pourquoi Roland Barthes pouvait déclarer qu'il usait d'un « vocabulaire » analytique, sans prétendre à psychanalyser Racine. Ce sont des « figures » qui l'intéressent.

Nombre de conflits raciniens sont des conflits de figures. Entendons que le personnage, au nom de maximes qu'il se suppose propres et qui construisent de lui une certaine image, lutte contre une autre image qui lui semble imposée de l'extérieur. Mais tout est image, ou rôle. Il y a autant d'outrecuidance à vouloir soutenir que Phèdre est une vertueuse victime des dieux qu'à décider d'en faire une pure expression du désir. Et l'on ne saurait peut-être s'en tenir à cette dualité. Phèdre jalouse est-elle la même que la fille de Pasiphaé ? Celle qui conduit Hippolyte dans le labyrinthe, l'identifierons-nous absolument à celle qui veut mourir de sa main ?

Il y a comme un scandale logique dans ce nom propre, unique, qui devrait réduire le fourmillement des identités, et n'y parvient pas.

> *Moi régner! Moi, ranger un État sous ma loi,*
> *Quand ma faible raison ne règne plus sur moi!*
> *Lorsque j'ai de mes sens abandonné l'empire* [233]*!*

C'est le même « je » qui dit : « j'aime ».

Tout ce qu'il a pu dire, il a pu le penser

Qu'est-ce qu'un rôle ? Qu'est-ce qu'un comédien ? Il existe sur ce sujet d'innombrables discours, contradictoires entre eux, également peu convaincants. Deux questions s'y trouvent souvent confondues : comment se prépare-t-on à jouer ? Que se passe-t-il pendant la représentation ? Car on estime qu'il ne saurait apparaître une différence de nature entre le projet et sa réalisation.

D'où vient le célèbre paradoxe de Diderot : « Je vous laisse le choix ou d'acteurs à profond jugement et à tête froide, ou d'acteurs sensibles. » L'un ou l'autre, et le tiers demeure exclu. L'acteur sensible se prépare peu ; il apprend son texte, mais son jeu est presque tout d'improvisation. Aussi sera-t-il inégal. Celui qui a du génie se livre à de longues études ; sur scène, il ne cesse de se contrôler. C'est qu'il doit faire illusion aux autres, non à lui-même. C'est là une interprétation extrême du système de valeurs sur lequel repose la rhétorique. Le comédien médiocre est victime des passions qu'il éprouve ; le comédien sublime s'emploie à les dominer, à les dompter, à les supprimer, pour mieux en donner l'apparence. Il est, par excellence, le menteur.

Le paradoxe sur le comédien n'est autre que le paradoxe de la rhétorique, qui plusieurs fois nous est apparu : la technique de persuasion peut être utilisée par n'importe qui, au service de toute espèce de cause. On supplie l'orateur d'être honnête. La naïveté moralisante essaie de dérober l'affreuse vérité : la rhétorique est un art du mensonge. Diderot argumente, en montrant que la vérité du théâtre n'est pas celle de la vie quotidienne. Il faut la construire. Pour s'en persuader, il suffit de se rappeler que la tragédie parle en vers. Ce langage artificiel est un signe à méditer.

Nombre de critiques ont insisté sur ce qu'ils estimaient
être le caractère prosaïque du style racinien. Au moment où
l'on croyait que la mode romantique était sur son déclin,
on a loué Rachel d'avoir donné à ses créations des intonations
naturelles. Et il est encore fréquent qu'un comédien maltraite
la versification pour paraître plus vrai, donc plus émouvant.

Nous savons que Racine a fait travailler la Champmeslé.
Louis, son fils, insiste sur ce point, dans l'espoir de faire croire
que là se sont bornées les relations de l'actrice et du poète.

Approuvez le respect qui me ferme la bouche [234].

Si suspect qu'il demeure, son témoignage a pour nous une
grande valeur : faire travailler une actrice, c'est, selon lui,
avant toute chose lui dicter des intonations, lui indiquer des
gestes. Et cet honnête garçon, qui veut que la Champmeslé ait
été stupide, s'étonne que l'art ait donné l'illusion de la nature.
Gageons que, pour lui, le paradoxe de Diderot eût été irre-
cevable.

Au milieu de cette immense sottise, on trouve à s'instruire.
Racine n'est pas de ces poètes qui livrent aux comédiens leur
texte en leur disant : « Faites votre métier, donnez un corps à
ma pensée. » Doué lui-même, semble-t-il, d'une fort belle
voix, maître en déclamation, il n'hésite pas à descendre dans
l'arène.

A se donner lui-même en spectacle aux Romains [235],

entendez : aux acteurs. Certes, on ne l'a jamais vu affublé
d'un panache et d'une cuirasse à l'antique arpenter devant un
vrai public les planches d'un vrai théâtre. Il y aurait perdu sa
réputation, compromis sa fortune, ruiné sa carrière. Mais il a
montré aux acteurs à jouer. On pourrait presque dire que, dans
les coulisses, il a joué lui-même, et, chose remarquable, des
rôles de femme. Le personnage de Phèdre n'est peut-être
pas pour lui seulement l'objet d'une saisie intellectuelle,
un caractère qu'on analyse, mais aussi un ensemble d'intonations, de gestes, qui animent un corps.

Oui, l'orateur doit croire à ce qu'il dit. Il le doit, pour se donner le droit d'utiliser les séductions rhétoriques ; il le doit, pour rendre efficaces certaines de ces séductions. Mais il n'est jamais amené à mettre en cause sa propre personnalité ; il lui faut ou bien refuser de plaider dans un sens qui lui semble injuste, ou bien se persuader qu'il a d'abord mal vu, que l'injuste n'était qu'apparence.

Le comédien ne peut pas ne pas savoir qu'il est dans l'illusion. Mais il sait par expérience que, de cette illusion, il peut être parfois la première victime. C'est ici que doit intervenir, une fois encore, une réflexion sur le rôle de la mémoire : le texte su par cœur, les intonations fixées, les gestes appris finissent par s'imposer d'eux-mêmes. Or Diderot raisonne comme si la mémoire n'existait pas, ou comme si elle n'était qu'un auxiliaire méprisable. Il était pourtant à même, semble-t-il, de réfléchir sur ce que c'est que d'apprendre une langue étrangère.

Il faut peut-être avoir été un peu comédien pour pouvoir écrire ce vers étonnant :

> *Tout ce qu'il a pu dire, il a pu le penser* [236].

C'est Atalide qui parle. Elle vient d'apprendre que Bajazet, sur son ordre, est parvenu à apaiser Roxane, qu'il a su faire illusion, de la manière la plus efficace, qu'il a parlé d'amour, qu'il a merveilleusement joué son rôle. Il est nécessaire à la poursuite de la tragédie que les choses n'en restent pas là, qu'Atalide se montre jalouse, qu'elle pousse Bajazet, presque malgré elle, à démentir les belles paroles qu'il vient de prononcer. C'est l'équivoque de tout discours qui est en jeu. Quand un homme parle, on ne saura jamais s'il ne croit pas à ce qu'il dit. N'oublions pas qu'Atalide elle-même, depuis plusieurs mois, ne cesse de mentir quotidiennement.

> *Il faut qu'à tout moment, tremblante et secourable,*
> *Je donne à ses discours un sens plus favorable.*
> *Bajazet va se perdre. Ah! si, comme autrefois,*
> *Ma rivale eût voulu lui parler par ma voix* [237]*!*

N'est-ce pas à force de répéter à Roxane que Bajazet brûlait pour elle qu'elle a fini par se persuader que la chose n'était pas impossible ?

Depuis des siècles, la littérature est empoisonnée par la question de la sincérité. Il y a, dit-on, des mots, et, derrière les mots, une pensée. L'opposition est complexe : elle rejoint celle de l'unicité et de la multiplicité, mais aussi celle de la vérité et de l'apparence. Et l'on cherche une garantie.

Un oracle dit-il tout ce qu'il semble dire [238] ?

A cette question de Clytemnestre fait écho cette phrase d'Agamemnon :

Grands Dieux, une telle victime
Vaut bien que confirmant vos rigoureuses lois,
Vous me la demandiez une seconde fois [239].

Il arrive qu'un officier, dans une circonstance grave, demande un ordre écrit.

La sincérité suppose que, dans la parole, l'apparence réponde à la réalité, et que la réalité soit constante. Aussi ne peut-elle exister que dans un monde où l'on pose en principe l'unité, la constance du personnage. Construire un personnage cohérent, c'est se donner les moyens de vérifier ses paroles, de savoir quand il dit vrai et quand il ment.

Par une convention qui mériterait de longues analyses, on admet que le personnage dit la vérité lorsqu'il est seul, lorsque son seul auditeur est le public, ou la pâle et respectueuse figure du confident :

... je t'expose ici mon âme toute nue [240].

L'âme peut-elle se montrer nue à travers le vêtement du discours ? La parole hésite, se reprend, cherche l'expression fidèle :

J'aime (que dis-je aimer ?), j'idolâtre Junie [241].

Mais peut-on saisir cette réalité dont on voudrait parler ?

Rachel

Sarah Bernhardt

Maria Casarès (1958) $\longrightarrow$

Irena Eichlerowna (1957) $\longrightarrow$

Phèdre

Michèle Oppenot (1973)   La Champmeslé

Pourquoi faire le récit de cet amour dont on ne sait pas dire le nom ? Il semblerait que tous ces aveux, toutes ces longues scènes de confidence, toutes ces résurrections du passé n'aient qu'un but : contraindre le personnage à suivre cette image de lui-même qu'il veut donner.

On n'aime point, seigneur, si l'on ne veut aimer [242].

Et si l'on veut aimer, on dit qu'on aime, et on fait un récit.

Chez Racine, le récit n'est pas une information, c'est une incantation. C'est un support de la croyance, c'est un mythe. Il fabrique une sincérité provisoire et douteuse.

Racine est-il Oreste, ou Néron, ou Titus ? La question est sans objet. C'est une question d'administrateur, qui veut avoir affaire à des identités définies. C'est une question de magistrat qui conclut d'un caractère à la réalité d'un fait.

Mais un rôle n'a pas d'âme, si logiquement construit soit-il. S'identifier à un rôle, c'est reproduire des paroles et des gestes.

Nous avons passé en revue quelques figures de personnages qui paraissent pris entre des rôles contradictoires. Il en est d'autres, qui semblent marqués d'une absolue constance, qui ne dévient presque jamais de la route qui leur est tracée, qui acceptent sans murmurer le destin qu'on leur impose. A les considérer, nous allons être amenés à poser une nouvelle question, d'apparence extravagante : à quel siècle appartient Racine ? Il ne s'agit pas ici de savoir si nous pouvons considérer le poète comme un de nos contemporains et s'il est légitime de lui appliquer les techniques de lecture et d'interprétation que nous avons apprises de sciences récentes ou d'écrivains modernes. Il ne s'agit pas non plus d'évoquer un inconscient collectif de type jungien, qui ferait, par pétition de principe, surgir la préhistoire dans toute espèce de cervelle. Ce qui est en cause, c'est tout simplement le monde des lectures de Racine, et l'effet que peut entraîner leur assimilation. Lit-on impunément, quand on est comédien ?

Une première question se pose quand on considère, une fois encore, le personnage de Bajazet. Il est clair que ce prince assume, à son corps défendant, un rôle qui ne lui convient pas, celui de flatteur et de menteur. A cette apparence, comme Antiochus, il oppose une réalité. Mais de quelle nature est cette réalité ?

On la saisira plus aisément si l'on songe à une figure dont le succès n'est pas négligeable à l'époque de Louis XIV. Il s'agit d'une sorte de Don Quichotte un peu triste, vaincu d'avance et résolu à mourir. Le trait dominant du rôle est une farouche fidélité à soi-même, avec une amère lucidité sur l'inutilité de cette vertu.

Dans *le Comte d'Essex*, de Thomas Corneille, le personnage qui porte ce nom marche délibérément au supplice, sans vouloir consentir à demander une grâce qui pourrait lui être accordée. Mais supplier serait s'humilier. Dans *Astrate*, de Quinault, le héros accepterait de mourir plutôt que de devoir renoncer à son amour pour sa Dame, malgré toutes les raisons qu'il découvre de la considérer comme une dangereuse ennemie. On trouverait chez les poètes anglais de la même époque d'autres exemples similaires.

La comparaison ne doit pas faire oublier à quel point le système dramatique de Racine est différent de celui de ses contemporains. Quinault, surtout connu de nous par les flèches que Boileau lui a décochées, multiplie les sentences superbes et ne se soucie pas toujours de construire une intrigue unifiée. Thomas Corneille imite la préférence de son aîné pour les scènes de pure argumentation.

C'est ici le rôle seul qui importe, avec toute la nostalgie qui le baigne. Le personnage est, au sens propre du terme, un héros, guerrier redoutable et chef admiré ; il méprise les intrigues, les compromis, les calculs de ceux qui l'entourent ; il se refuse à transiger avec ceux dont le hasard seul a fait ses contemporains. C'est qu'il appartient, pour lui, à un monde disparu, dont les valeurs étaient plus hautes. Il doit mourir, et ne fait rien pour l'éviter.

Le rôle prend parfois une forme comique, ou prétendue telle : c'est l'Alceste du *Misanthrope* et peut-être aussi, malgré certaines apparences, le Dom Juan. Sous sa forme tragique, la figure a quelque chose de sanglant :

> *Car enfin Bajazet dédaigna de tout temps*
> *La molle oisiveté des enfants des sultans.*
> *Il vint chercher la guerre au sortir de l'enfance* [243].

Et sa mort ne dément point sa valeur.

> *Nous l'avons rencontré*
> *De morts et de mourants noblement entouré,*
> *Que, vengeant sa défaite, et cédant sous le nombre,*
> *Ce héros a forcés d'accompagner son ombre* [244].

On n'en finirait pas de citer les vers où le prince lui-même évoque *les grands noms de [sa] race* [245], flétrit l'oisiveté à laquelle on le condamne, dit son horreur du mensonge, et surtout du parjure.

Si étrange que la chose paraisse, puisqu'il s'agit d'un Turc, on ne peut se dispenser de prononcer le mot de « chevalier ». Mais on a des raisons, au XVIIe siècle, de ne pas sous-estimer la valeur guerrière des Ottomans. On a trop dit, depuis Voltaire, que certains héros de Racine semblaient « des courtisans français ». Si l'on veut apprécier l'importance des valeurs aristocratiques dans ce théâtre, ce n'est pas au noble domestiqué de Versailles qu'il faut songer, c'est à la tradition littéraire du paladin. Sous le prétexte que Racine était l'ami de Boileau, nombre de critiques se sont crus obligés de lui attribuer les courtes vues de son collègue en historiographie. Et ce n'est pas un des moindres méfaits de Louis Racine que d'avoir accrédité cette légende. Laissons Boileau railler le Tasse. Et rappelons-nous plutôt que Racine a pris plaisir à l'Arioste.

On allègue aussi certains passages des préfaces, et notamment celui qui dit que *Pyrrhus n'avait pas lu nos romans* et que *tous les héros ne sont pas faits pour être des Céladons.* Quand on a fait la part de la polémique, il reste que Céladon n'est pas un guerrier, et que Pyrrhus est *violent de son naturel* [246]. Il reste aussi à apprécier le geste de ce roi qui, averti de ce qui le menace, fait ranger sa garde *autour du fils d'Hector*, et s'offre lui-même, non sans bravade, aux poignards des Grecs.

Rien de nostalgique, pourtant, dans ce personnage ; mais un superbe mépris de la mesquinerie grecque, qui a peur d'un enfant, et une certaine impatience devant cet ordre qu'on lui donne. Quand, plus tard, Racine fera un Achille, il lui donnera cette même indépendance jalouse du prince qui se choisit des alliés, non des maîtres.

Il y aurait bien des choses à dire sur le sentiment de l'honneur dans le théâtre racinien. Bajazet, Pyrrhus, Achille, Britannicus ne sont pas moins sensibles que d'autres aux affronts qu'on peut leur faire. Leur réplique est immédiate et mordante. Ils ne savent pas louvoyer. Leur franchise va parfois jusqu'au cynisme.

> *Je ne viens point, armé d'un indigne artifice,*
> *D'un voile d'équité couvrir mon injustice;*
> *Il suffit que mon cœur me condamne tout bas ;*
> *Et je soutiendrais mal ce que je ne crois pas* [247].

Ce que Pyrrhus ici refuse, c'est encore la rhétorique, parce que cet art est tout entier soumis à l'idée de l'universel : faire admettre une thèse, c'est montrer qu'en droit elle est recevable par tous ; c'est se placer dans le vrai, ou dans le vraisemblable, c'est supposer l'existence nécessaire de l'accord social. Le chevalier n'a cure de ces vertus obligatoires. Son honneur est de se distinguer ; il n'y a d'autre justice que la sienne. Faut-il le rappeler ? L'image chrétienne du chevalier n'est qu'un compromis douteux, destiné à mettre au service de la seule vérité, celle des prêtres, une indépendance farouche ; la féodalité suppose des engagements d'homme à homme, non le respect d'une autorité abstraite, supposée fondée en raison. L'histoire de la Fronde des princes est à cet égard instructive.

Parce qu'il se distingue, le chevalier est voué à la mort. Parfois il est victime du mensonge, parce qu'il ne sait pas lui-même farder la vérité, parce qu'il juge indigne de lui de se défier.

> *Cette défiance*
> *Est toujours d'un grand cœur la dernière science;*
> *On le trompe longtemps* [248].

Mais il semble plutôt qu'à tous s'applique l'antique oracle : les preux meurent jeunes.

> *Je puis choisir, dit-on, ou beaucoup d'ans sans gloire,*
> *Ou peu de jours suivis d'une longue mémoire* [249].

De quel siècle est cette pensée? Nous la trouvons dans les chansons de geste, que Racine ne connaissait pas. Mais elle jette aussi son ombre sur *l'Iliade*. On dirait par moments que Racine la fait sienne, que sa tragédie pleure sur la mort des héros les plus purs.

Et c'est peut-être pourquoi on a souvent des doutes quand, citant Aristote, il s'ingénie à charger son personnage d'une légère imperfection. Hippolyte est un peu coupable, et Britannicus est trop jeune. C'est sa seule faute. Il est vrai qu'elle a *scandalisé* les doctes [250].

Phèdre commence par la fausse nouvelle d'une mort et s'achève sur un double cortège funèbre. On dirait qu'Hippolyte est mort à la place de son père, comme une victime sacrificielle. Ce n'est plus seulement l'image chevaleresque qui est en jeu. Remarquons-le : cette image ne trouve pas à se déployer dans le cadre étroit de la tragédie classique ; il lui faut l'épopée, ou, mieux encore, le roman de type médiéval, la foisonnante multiplicité des aventures. Britannicus, Bajazet, Hippolyte sont condamnés à rêver des prouesses que jamais ils n'auront le temps d'accomplir. C'est quelques minutes avant de mourir que le prince qui va livrer son premier combat dessine son destin de chevalier errant :

> *Sur les pas d'un banni craignez-vous de marcher* [251] ?

Est-il permis de songer à la *Jérusalem délivrée?*

Mais le sacrifice est autre chose que la mort dans un combat. Un autre rôle, plus archaïque encore, pèse sur le personnage qui, passionnément, l'accepte.

> *Eurybate, à l'autel conduisez la victime* [252].

Iphigénie a oublié jusqu'à son nom, jusqu'à son existence propre. Elle est, par excellence, la victime.

On se souvient qu'Euripide donnait à son héroïne des raisons d'accepter son sort. Chez lui, Iphigénie prononce une longue tirade d'inspiration patriotique. « Toute la Grèce a les yeux sur moi ; c'est de moi que dépendent le départ des vaisseaux et la ruine des Phrygiens. [...] Voilà ce que produira ma mort, et ma gloire sera bienheureuse, parce que j'aurai délivré l'Hellade [253]. » Rien ne subsiste chez Racine de toute cette rationalisation. Iphigénie accepte sa mort, sans donner d'autres raisons que la volonté des Dieux.

On s'arrête pourtant, non sans étonnement, sur quelques vers qu'elle prononce ; c'est à Achille qu'elle parle :

> *Notre amour nous trompait ; et les arrêts du sort*
> *Veulent que ce bonheur soit un fruit de ma mort.*
> *Songez, seigneur, songez à ces moissons de gloire*
> *Qu'à vos vaillantes mains présente la victoire :*
> *Ce champ si glorieux où vous aspirez tous,*
> *Si mon sang ne l'arrose, est stérile pour vous [254].*

Reprises aux poètes anciens, ces métaphores nous semblent banales. Nous ne saisissons qu'abstraitement un rapport entre la récolte et la victoire. Nous avons oublié, depuis des siècles, que la mort d'un être jeune est magiquement le gage de la fécondité des champs. Racine pouvait-il l'avoir deviné à la lecture des vieux poètes ? La question est ouverte, et s'annonce difficile, si on écarte la commodité d'une fausse explication par la survivance d'un inconscient collectif. Il faudra tenir compte des Grecs, des Latins, de la Bible, et aussi des rituels agraires encore en usage dans l'Europe du XVIIᵉ siècle. Tout ce que l'on peut dire, c'est que ce type de métaphore apparaît chez Racine avec une certaine constance. Voyez, dans *Phèdre*, la mort des Pallantides [255], et celle même d'Hippolyte : pourquoi ce sang partout répandu sur les ronces ? Dans la préface d'*Athalie*, Racine souligne qu'il a choisi, arbitrairement, de placer l'action le jour de la Pentecôte, qui est l'anniversaire de la publication de la loi sur le Sinaï, mais aussi la fête des prémices. *J'ai songé que ces circonstances me fourniraient quelque variété pour les chants du chœur.* Cette phrase en évoque une autre, celle de la préface de *Phèdre*, où nous avons lu que la fable, sagement conservée, fournissait extrêmement à la poésie. Il vaudrait la peine peut-être de suivre dans *Athalie* les images de végétation.

Mais auparavant, il convient d'examiner rapidement d'autres images de meurtre rituel. Nous rappellerons Ménécée, dans *la Thébaïde*, et la remarque de Racine sur son exemplaire d'Euripide : *cette action de Ménécée est trop grande pour être faite comme en passant* [256]. Nous nous interrogerons sur la suggestion que l'ombre d'Hector fait à Andromaque : accepter de se tuer pour que la lignée continue. Dans l'un et l'autre cas, une explication en termes de religion archaïque vient se superposer à l'explication purement psychologique. Elle ne la détruit pas, ni ne la rend inutile. En faudra-t-il dire autant du sacrifice de Bérénice, sacrifice que le fanatisme romain lui impose, et qui fait de Rome une idole sanglante ?

Dans *Phèdre*, la mythologie apparaît à visage découvert. Nous l'avons vu, c'est Euripide qui est le plus soucieux d'explications rationnelles. La Phèdre de Racine veut mourir, doit mourir, parce que Vénus le veut. Elle veut mourir de la main d'Hippolyte, de ce dieu à qui elle sera sacrifiée. A travers un discours moral, où tout est crime et punition, se lit une étrange équivoque :

> *Voilà mon cœur* [...]
> *Au-devant de ton bras je le sens qui s'avance* [257].

La consommation de l'amour serait-elle la mort ?

De même que les vents se lèvent lorsque coule le sang d'Ériphile, le jour retrouve sa pureté quand se ferment les yeux de Phèdre. Pour que s'achève la tragédie, pour que la vie recommence, il faut une victime.

Il semble parfois qu'on a tort de supposer entre la fatalité et la tragédie une relation de cause à effet. La tragédie est-elle un produit de la fatalité, une expression de la fatalité ? A travers les commentateurs on ne sait trop si Phèdre lutte contre elle-même ou contre les dieux. C'est que la question est encore posée à partir du personnage. Comme il a un nom, on croit qu'il existe, et surtout qu'il domine, comprend, explique tout ce qui lui arrive.

La tragédie est la fatalité, la marche vers la mort. Un corps brûle de se défaire. Il crée des rêves, il lance des paroles, des images. On croirait qu'il rend compte, qu'une raison l'anime. Vaines ruses, elles ne font que dilater l'ultime instant. Phèdre n'en finit pas de mourir.

Les scoliastes ont relevé dans *Athalie* une faute.

> *Comment en un plomb vil l'or pur s'est-il changé* [258] ?

Pourquoi, au moment où l'innocence va triompher du crime et le souverain légitime de l'usurpatrice, pourquoi rappeler que ce jeune roi va suivre l'exemple de son aïeule ? « Joas oublia donc, en faisant massacrer le fils de Joïada, les bienfaits dont l'avait comblé son père [259]. »

Il est arrivé plus d'une fois à Racine de prendre avec l'histoire des libertés ; c'était toujours pour construire une image plus nette, mieux liée, où la confusion se pliait aux lois d'un dessin. Il semble qu'ici il aille contre sa propre idée en faisant annoncer l'odieux avenir de l'enfant aimable.

On se hâte de le justifier. On montre qu'il sait replacer la tragédie dans une plus vaste perspective.

> *Cieux, répandez votre rosée,*
> *Et que la terre enfante son Sauveur* [260].

Ce n'est pas Joas qui sera le Messie. Son histoire n'est qu'une figure, imparfaite, du seul vrai drame, celui du salut. On dit aussi que se révèle ici, dans une grande leçon, le pessimisme foncier de Racine, sa pitié pour notre « pauvre humanité [261] ».

Tout cela n'est pas faux. Mais la faute demeure, non pas faute en soi, mais relativement aux principes de la tragédie.

> *Je me flatte, j'espère*
> *Qu'indocile à ton joug, fatigué de ta loi,*
> *Fidèle au sang d'Achab, qu'il a reçu de moi,*

> *Conforme à son aïeul, à son père semblable,*
> *On verra de David l'héritier détestable*
> *Abolir tes honneurs, profaner ton autel,*
> *Et venger Athalie, Achab et Jézabel* [262].

Ce n'est pas la première fois que nous remarquons chez Racine une attention particulière pour ces vieilles idées : il y a une malédiction du sang, une contrainte exercée par les crimes des ancêtres, une implacable obligation de répétition. Mais il était rare que cette magie s'exerce sur l'avenir. Seule la fin de *Britannicus* laisse présager une suite funeste, mais nous savons qu'il s'agit d'un monstre qui s'imite lui-même.

Nous avons vu qu'Athalie a perdu sa force, que ses familiers ne la reconnaissent plus. Est-ce le sort qui guette Joas ? Reprenons la première scène. Une série d'images, toutes empruntées aux textes bibliques, fait apparaître un pays désolé.

> *Le ciel même peut-il réparer les ruines*
> *De cet arbre séché jusque dans ses racines* [263] ?

Joad rappelle les miracles d'Élie :

> *Les cieux par lui fermés et devenus d'airain,*
> *Et la terre trois ans sans pluie et sans rosée* [264].

Mais les cérémonies n'ont plus d'éclat. Quelles cérémonies ? Nous le savons : l'offrande des *nouveaux fruits* [265] de la terre.

Chacun de ces détails est introduit de manière logique. On ne peut les rapprocher, n'en doutons pas, qu'en brisant la cohérence du texte. Admettons qu'ils s'évoquent l'un l'autre. Quel sort attend Joas si, comme nul ne le sait encore, il trahit le Seigneur ?

> *Qu'il soit comme le fruit en naissant arraché,*
> *Ou qu'un souffle ennemi dans sa fleur a séché* [266].

Mais, pour le moment, il est innocent

> *Tel en un secret vallon,*
> *Sur le bord d'une onde pure,*
> *Croît à l'abri de l'aquilon*
> *Un jeune lis, l'amour de la nature* [267].

Et les images reviennent de fleurs coupées dans leur fraîcheur, moissonnées avant l'âge.

Ces métaphores venues de la Bible semblent porter un sens étrange : on dirait que le roi est lié, dans sa jeunesse et sa force, à la fécondité de la terre, et que les champs deviennent stériles à mesure que l'âge l'affaiblit. Frazer nous a enseigné quelle conséquence, en plus d'un lieu, on a tiré de cette participation magique : on mettait à mort le vieux roi.

Une fois de plus, il est infiniment improbable que Racine ait eu conscience de ce qu'il faisait en rapprochant ainsi de très anciens textes où la pensée archaïque ne subsiste elle-même que comme une survivance difficilement déchiffrable. Déjà heureux quand nous pouvons apercevoir des survivances de ce genre, nous ne savons pas encore expliquer comment elles sont possibles, comment il peut se faire que le langage les transporte. On sait bien que le roi de France avait un pouvoir de thaumaturge, que Louis XVI a touché les écrouelles. Il est peut-être insuffisant d'invoquer l'inertie des institutions.

Ce qui est clair, c'est que Racine avait une profonde familiarité avec des textes très anciens, et que sa méthode de travail l'amenait, pour des raisons de vraisemblance, à étudier les « maximes » des peuples qu'il mettait en scène et, pour des raisons d'ornement, à « extraire » les bons auteurs et à traduire leurs expressions les plus heureuses. Lit-on impunément Homère ? Peut-on, sans aucun risque, répéter ses paroles ?

Le lion rugissant est un agneau paisible

Il vaut la peine de lire la correspondance de Racine. Non point qu'on puisse espérer y apprendre quelque chose sur son œuvre, sur les conditions dans lesquelles elle a été composée, sur les significations qui pourraient s'y tapir. Tout au contraire, c'est le théâtre qui, parfois, éveille un écho dans ces pages qui, par un caprice du sort, datent ou bien de l'extrême jeunesse, ou bien des dernières années, et semblent ainsi éviter la période de grande activité poétique.

Dans les lettres de la jeunesse éclate à chaque instant une pétulante impertinence. Toutes choses semblent dignes qu'on les raille. Nombre de phrases semblent de la même veine que *les Plaideurs*. On rencontre même un passage où Racine a comme une prémonition de sa farce à venir. Tout commence par une aventure anodine : *Une dame me prit hier pour un sergent*, entendez : un huissier (Chevreuse, 26 janvier 1661). Immédiatement se présente une possibilité de mise en scène. Racine est occupé à lire l'Arioste ; il se rappelle que Mandricard a déclaré qu'il serait le sergent de Doralice. Et voilà que la dame anonyme, apparemment à peine passable, se transfigure en héroïne de poème chevaleresque, non exempt de badinerie et de lestes sous-entendus. Mais ne nous y laissons pas prendre ; il s'agit d'abord de littérature. Et la plaisanterie se poursuit. Que son correspondant vienne, de Paris, le trouver. *Nous irons au cabaret ensemble. On vous prendra pour un commissaire, comme on me prend pour un sergent, et nous ferons trembler tout le quartier.*

> *Monsieur, encore un coup, je ne puis pas tout faire :*
> *Puisque je fais l'huissier, faites le commissaire* [268].

Cinq ans plus tard, Racine a-t-il songé à ce travestissement dont nous ne savons pas s'il est demeuré pure fiction ? Peu importe. Dans ce mince événement, il nous est loisible de voir l'indice d'une attitude : Racine semble avoir perçu très tôt l'extravagante théâtralité de ce monde.

A Uzès, il y est plus sensible que jamais. Arrivé dans l'espoir de recueillir un bénéfice ecclésiastique, le jeune homme est contraint de passer pour pieux. Dans ses lectures, la théologie le dispute à Pétrarque. Il lui faut flatter son monde, ne pas choquer. *Encore suis-je si heureux que j'ai un peu appris à me contraindre et à faire beaucoup de révérences et de compliments à la mode de ce pays-ci* (16 mai 1662).

Bien entendu, on percevra dans cette lettre et dans ses compagnes quelque chose du mépris qu'un Parisien de cœur doit avoir pour une province reculée. Racine n'a pas senti les beautés de l'occitan ; il s'accommode de cette langue, mais craint surtout de gâcher la pureté de la sienne. Mais prenons garde à l'anachronisme : nous n'avons pas affaire à un dandy balzacien égaré au milieu des sauvages. Car le monde parisien lui-même peut être traité par l'ironie. Une lettre de novembre 1663 se termine sur cette remarque : *Vous voyez que je suis à demi courtisan; mais c'est à mon gré un métier assez ennuyant.*

En quoi est-il devenu courtisan? Il va au lever du roi, y apprend de petites nouvelles, les colporte, fait concurrence au gazetier.

M. de Bellefort est premier maître d'hôtel depuis aujourd'hui. Le Roi a été à Versailles [...] Monsieur le Duc a dit que [...] Vanités.

Ce métier de courtisan sera longtemps le sien. Et les lettres de la vieillesse fourmillent de ces informations sans importance. On y entend le même bruit de potins chuchotés que dans *la Princesse de Clèves*. Mais, même dans ces textes au ton de plus en plus grave, perce parfois un étrange sourire. *M. de Niert prétend que Richesource en est mort de douleur. Je ne sais pas si la douleur est bien vraie; mais la mort est très véritable* (3 octobre 1694). La cour est un immense spectacle, assez drôle pour qui sait bien voir, mais pénible aussi par son agitation.

Au fond, ce qui transparaît à travers l'impertinence, à travers l'hypocrisie, à travers cet art de plaire en jouant un rôle imposé, c'est un désir tenace d'assurer son indépendance. Et il faut prendre le mot dans sa plus grande extension. Car il n'est pas loin d'expliquer aussi en partie le souci de faire carrière. Racine, ne l'oublions pas, est un orphelin sans fortune. Position malcommode dans ce monde à de certains égards encore si médiéval, où le mérite n'est que de peu de poids face à la naissance, à la richesse établie, aux solides systèmes de relations.

Assurer son indépendance. Telle serait encore, peut-être, la pensée secrète de Racine dans ses relations avec les femmes. Qu'il ait l'œil vif, c'est ce que l'on ne saurait nier. Les beautés du Midi sont savamment célébrées, et l'on se demande parfois s'il ne se cache pas quelque équivoque dans le célèbre vers à la gloire d'Uzès :

Et nous avons des nuits plus belles que vos jours (17 janvier 1662). Équivoque toute littéraire. Racine est de ces poètes qui peignent mieux les amours rêvées. Mais que dire de cette phrase : *Je m'étudie maintenant à vivre un peu plus raisonnablement, et à ne me laisser pas emporter à toute sorte d'objets* (30 avril 1662).

Les amours de comédiennes, surtout lorsqu'il s'agit d'une très facile Champmeslé, offrent moins de danger pour la liberté. Faut-il penser que, plus que d'autres, elles aident à faire des vers ? On pourrait peut-être retourner une célèbre formule de la marquise de Sévigné, soutenir que Racine est amoureux d'une actrice parce qu'il écrit des comédies, et non l'inverse.

Car c'est là l'essentiel. A travers toutes ces lettres revient, comme une furieuse obsession, la rage de composer. Écrire, c'est « faire des vers ». Et l'expression, dans sa constance, mérite qu'on la remarque.

Il existe un redoutable adversaire contre lequel il faut assurer son indépendance et sa passion de la poésie. Cet adversaire, c'est Port-Royal, la plus illustre victime de l'impertinence racinienne. Car la correspondance de jeunesse trouve comme un couronnement dans la *Lettre à l'auteur des Hérésies imaginaires et des deux Visionnaires*, cruel acte de rupture publique avec les bienfaiteurs. Les petits travers, les petites vanités des Messieurs y sont impitoyablement dévoilés.

Dans ces demeures de silence... Port-Royal,
(détail du portrait de Mère Angélique par Philippe de Champaigne).

Quelle comédie que ce minuscule cénacle janséniste, assuré d'avoir absolument raison, et qui dicte ses lois à l'univers!

Cette lettre, et une autre que Racine se retint de publier, passent auprès des censeurs pour la manifestation de la plus noire ingratitude. On rappelle que, en 1666, les jansénistes sont encore en butte à une dure persécution. Le moment était mal choisi pour les accabler. Et le coup est particulièrement amer, venant d'un pupille de la maison. Car, il ne faut pas l'oublier, le milieu de Port-Royal a servi de famille au jeune orphelin. Non seulement il a vécu à l'abbaye, où avaient pris le voile plusieurs de ses parentes, et notamment sa tante paternelle, mais encore, pendant toute sa première jeunesse, il a été guidé et protégé par différents personnages liés à Port-Royal par la sympathie. Enfin c'est aux Messieurs qu'il doit, pour la plus grande part, sa très solide instruction.

On devra seulement remarquer que cette lettre est une riposte. Racine ne s'en prend pas à ses maîtres pour le plaisir

On admirait la manière grave et touchante dont les louanges de Dieu y étaient chantées...
(le chœur des religieuses dans l'église de l'abbaye de Port-Royal, gouache de Madeleine de Boulogne)

de faire de l'esprit, mais parce que, une fois de plus, le théâtre a été attaqué. On portera, d'un point de vue moral, tel jugement que l'on voudra ; il reste que le poète, très visiblement, défend sa liberté.

Il le fait, c'est trop clair, en imitant Pascal et ses *Provinciales*. Et l'on pourrait être tenté d'insinuer que, par cette voie, c'est justement à Port-Royal qu'il doit les armes ironiques qui lui servent à égratigner Port-Royal. Ce serait oublier que, dans l'immense production janséniste, les *Provinciales* représentent une étonnante exception. Leur vivacité, leur agrément, leur comique même les situent à l'opposé de la prose grave et nombreuse qui remplit les gros ouvrages de Nicole ou d'Arnauld. Et c'est sans aucun doute à cette allure inaccoutumée chez un janséniste qu'elles doivent leur prodigieux succès.

La question demeure pourtant de savoir ce que Racine doit à ses maîtres jansénistes, même si les termes dans lesquels elle est généralement posée ne contribuent guère à la rendre simple. Il arrive que le vocabulaire des négociants soit peu propre aux analyses historiques. Une chose est sûre : à Port-

Royal, Racine a acquis une très solide culture grecque. Il vaut la peine d'en faire la remarque, parce que à cette époque le fait est assez exceptionnel. Les gens instruits lisent Homère en latin. Racine, au contraire, s'est longuement attaché à étudier le choix des mots, leur arrangement, leurs reflets réciproques, tout cela qui n'est pas tout à fait du sens, et qui ne passe pas dans une traduction. Or, quand, par hasard, il consent à parler métier, c'est à cela qu'il fait attention. Une fois de plus, écrire, c'est « faire des vers », c'est d'abord disposer des mots.

Puisqu'il est question d'éducation, une autre suggestion se dessine : quand on lit la célèbre *Logique* dite « de Port-Royal », on ne peut pas ne pas être frappé par la grande méfiance qui s'y fait voir à l'égard du formalisme traditionnel, de la logique mécanique, héritage dégénéré des grands maîtres oubliés du Moyen Age. Il se pourrait que ce que nous appelons l'enseignement littéraire ait subi, auprès de ces Messieurs, un nettoyage analogue. Serait-ce là le sens d'une illustre proposition de Pascal sur « la véritable éloquence » qui « se moque de l'éloquence »? Nous avons observé que Racine, qui connaît et manie l'hypotypose, ne lui donne pas ce nom barbare. Aurait-il appris de ses maîtres à traiter avec désinvolture la rhétorique scolaire, réduite en formules et en recettes? Est-ce par là que l'on pourrait expliquer la visible différence qui l'oppose aux autres dramaturges de son temps? La question reste ouverte.

Mais ce n'est pas elle qui a le plus intéressé les historiens. Quand on parle d'une influence de Port-Royal sur Racine, on songe le plus souvent au fait que l'abbaye a d'abord été le foyer du jansénisme. Et l'on voudrait que cette pensée solidement construite, cette pensée qui n'échappe pas à la prise, ait marqué les tragédies du poète.

Sur ce point, il faut être net. Comme tous ses contemporains, Racine a lu des ouvrages de théologie. Mais on n'a aucun moyen d'affirmer qu'il ait jamais éprouvé pour la subtilité de leurs abstractions quelque chose qui ressemble à un intérêt un peu vif. Le seul livre d'allure théologique qui nous soit parvenu avec des annotations de sa main est un ouvrage où le savant évêque d'Avranches, Huet, utilisait la méthode allégorique pour montrer que les dogmes chrétiens étaient déjà présents dans les mythes antiques. Est-ce un hasard ?

On a beaucoup glosé sur l'expression « grâce invincible », qui se rencontre dans une des hymnes traduites par Racine du Bréviaire romain. Le parfum de ces mots est typiquement janséniste : l'homme en effet, selon la doctrine, ne saurait faire son salut s'il ne reçoit pas une grâce qui peut lui être refusée, mais il ne saurait se soustraire à l'action de cette grâce, lorsqu'elle se manifeste. L'emploi de l'adjectif « invincible » serait bien le seul argument sur lequel on pourrait appuyer la thèse d'un Racine profondément janséniste.

Mais c'est là raisonner en inquisiteur. Si on veut bien lire l'ensemble des poésies religieuses de Racine, on se rendra compte qu'il s'agit de tout autre chose que de théologie. Le poète connaît bien la Bible et les textes liturgiques. Il traduit, il paraphrase, il met en vers avec un art admirable. Mais c'est d'abord d'art qu'il s'agit. On s'en aperçoit à la lecture d'un document exceptionnel, la lettre à Boileau du 3 octobre 1694. Pour une fois, Racine commente un de ses poèmes, le second des *Cantiques spirituels ;* il n'est question que du choix des mots, de leur arrangement, de leur effet. Pour le sens, le texte biblique l'a déjà fourni. Et c'est justement le correspondant de Racine qui fournit ici la contre-épreuve. Que l'on compare les *Cantiques spirituels* à l'épître de Boileau sur *l'Amour de Dieu.* On verra ce que c'est qu'un poète théologien.

Certaines confusions demandent à être dissipées. Si le mot « janséniste » doit avoir un sens précis, il ne peut l'acquérir que par référence à certaines propositions nettes touchant le péché originel, la grâce et la liberté de l'homme. S'il doit simplement représenter un équivalent recherché de « pessimiste », on peut en faire l'économie. Or les propositions en question n'apparaissent nulle part sous la plume de Racine, même quand, à la fin de sa vie, il écrit un *Abrégé de l'histoire de Port-Royal.* Ce texte à plusieurs égards remarquable demeure étonnamment silencieux sur les aspects proprement théologiques de la persécution. L'auteur met en évidence les heurts de personnes, les intrigues, les vanités froissées, toute la mesquinerie d'une affaire trop humaine. C'est un assez pitoyable théâtre du monde qui est présenté là, et nullement drôle. Sans doute si l'on connaissait plus exactement quelle était la destination de ce livre inachevé, on saisirait mieux pourquoi Racine insiste tant sur l'ignorance où se trouvaient les religieuses des subtiles difficultés de la théologie. Malgré le ton objectif, détaché, il est trop clair qu'on a affaire à un plaidoyer. Mais si ce plaidoyer peut émouvoir, il ne dispute pas.

Le lecteur exigeant est donc bien mal pourvu d'instruments lorsqu'il cherche à deviner, dans les tragédies, la présence d'une pensée janséniste. S'il ne s'est pas fait d'emblée une religion, il ne dispose en tout et pour tout que d'une formule d'Arnauld : Phèdre serait « une chrétienne à qui la grâce a manqué ». A supposer même que cette formule soit authentique, elle implique une conséquence nécessaire : le jansénisme des tragédies de Racine ne relève pas de l'étude de ces tragédies, mais de celle de leurs interprétations. Il ne s'agit pas là d'une fin de non-recevoir, mais d'une indication méthodologique. Car c'est une recherche non dénuée d'intérêt que de tenter d'établir à quelles conditions a été possible une interprétation janséniste de *Phèdre*, par exemple. Il faut définir sur quels éléments du texte on peut s'appuyer, donc quels sont ceux qu'on devra laisser dans l'ombre ; puis quelle technique de transposition, pour ne pas dire d'allégorie, on devra utiliser pour retrouver en fin de compte les propositions qu'on cherchait. C'est trop peu que de dire, rapidement, que, dans cette tragédie, les dieux se refusent à secourir les mortels et à les éclairer ; il faut ajouter qu'on négligera leur multiplicité, leurs personnalités marquées, leurs aventures ; il faut avouer que l'on remplace par le mot « grâce » ceux de « faveurs » ou de « bienfaits divins », qui peuvent appartenir au paganisme ; il faut préciser que l'on introduit le mot « liberté ».

Mais si l'on s'en tient à répéter, après Racine lui-même, que Phèdre a en horreur le mal qu'elle commet, saint Paul fournira une source, et Ovide une autre. Le jansénisme

Racine cet homme excellent
Dans l'Antiquité si scauant
Des Grecs Imite les ouurages
Et peint sous des noms empruntez
les plus Illustres personnages
Qu'Apollon ait Iamais chantez

§

Sous le nom d'Aman le Cruel
Louuois est peint au naturel
Et de Vasthi La décadence
Nous retrace Vn portrait Viuant
De ce qu'a Veu la Cour de france
a la chute de Montespan.

§

Chanson sur la tragédie d'*Esther*

s'évanouira, à moins qu'on ne distende à l'extrême le sens du mot, ce qui est une autre façon de le faire disparaître.

Il se pourrait qu'il en aille de cette *Phèdre* janséniste comme de certaine *Esther* protestante, bien que, à première vue, les techniques d'interprétation soient assez différentes. Car, dans cette dernière pièce, il s'agissait moins de retrouver des dogmes que des personnages. Il y a peu d'années qu'a été révoqué l'édit de Nantes. Condamnés désormais à l'abjuration

La Proscription des Juifs
De nos huguenots fugitifs
Est une Juste ressemblance
Et l'Esther qui regne aujourduy
Decend des Rois dont la puissance
fut leur azyle et leur appuy

§

Pourquoy donc Comme assuerus
mon Roy si remply de vertus
N'at'il pas calmé sa Colere
Je Vais vous le dire en deux mots
Les Juifs n'eurent point affaire
aux Jesuites et aux Deuots.

§

ou à l'exil, les protestants seraient figurés par les juifs,
Louis XIV par Assuérus, Louvois par Aman. On saisit sur le
vif le processus de transformation et il ne faut qu'un peu
d'attention pour apercevoir comment se fait le choix des
éléments supposés significatifs. Cette interprétation est
d'autant plus intéressante qu'elle est évidemment exclue ;
et l'écrivain qui l'a risquée sait fort bien lui-même qu'elle ne
serait jamais passée par l'esprit de Racine.

Mais supposons, selon la même méthode d'allégorie historique, une interprétation janséniste d'*Esther*, encore qu'aucun document contemporain ne nous permette de croire que cette interprétation a été avancée. On rencontre les mêmes difficultés, car on a bien des victimes, un souverain aveuglé, un ministre perfide ; mais que faire d'Esther ? Et si Mardochée est Arnauld, à quoi correspond son exaltation ? En fait, ce qui répondrait le mieux à l'histoire de la persécution contre les jansénistes, ce ne serait pas la tragédie d'*Esther*, mais un résumé aussi succinct que possible de l'histoire d'Esther telle que la Bible la raconte. Cette interprétation est exactement ce que, dans l'art du sermon, on appelle une « application ».

Et il en va de même pour une interprétation théologique de *Phèdre* ou de toute autre tragédie. Pour faire l'application convenable, il faut d'abord avoir réduit à une image simple, baptisée « univers racinien », un monde de mots d'une déroutante complexité. Quand on a construit, Corneille servant de repoussoir, un schéma très abstrait de vision pessimiste du monde, on peut particulariser à son gré : il ne manque pas de pessimismes dans l'histoire de la pensée humaine.

Et, dans l'histoire des atrocités humaines, il ne manque pas de victimes.

Admettons, l'absence de documents laissant toute latitude au rêve, que Racine a pu, à un moment quelconque, faire à ses amis jansénistes une application d'*Esther*. Il ne s'ensuivra pas que là se trouve l'origine de son projet, dont on rendra compte plus aisément en se rappelant les termes de la commande et en faisant une rapide revue des héroïnes de la Bible. Fallait-il donner aux demoiselles de Saint-Cyr une histoire de Judith, de Ruth, de Bethsabée ? Et que dire de la valeur proprement scénique du sujet retenu ? Pour Esther, entrer en scène, c'est signer son arrêt de mort. On sait trop bien comment Racine est attentif à tout ce qui fera du théâtre autre chose qu'un lieu indifférent. La remarque vaut encore pour *Athalie :* la reine meurt d'avoir osé pénétrer dans le temple.

Par une bizarre conséquence, en supposant tout arbitrairement que Racine a pu, après coup, établir une comparaison entre le sort des juifs de Suse et celui des jansénistes, on est amené à placer sous un juste éclairage les liens qui l'unissent à Port-Royal. Ce sont des liens d'amitié. Ils ont peu à peu repris de la force.

Louis Racine rapporte une scène incroyable, une embrassade d'opéra entre son père et le grand Arnauld. Et, pour les besoins de l'hagiographie, il place son tableau juste après la prétendue chute de *Phèdre* et la conversion supposée du poète. Cette fois, les documents existent, et pulvérisent cette chronologie spectaculaire. De fait, Racine a renoué avec Port-Royal, mais plus tard ; et l'on ne saurait, dans cette lente décision, faire la part assez grande à l'effet exercé par une communauté d'histoire, de souvenirs, d'images. En se rapprochant des jansénistes, Racine retrouve sa première jeunesse, sa lointaine famille d'orphelin, beaucoup plus qu'une théorie de la prédestination, atténuée ou non. Il rejoint aussi une ferveur, une piété discrète, qui s'exprime en exercices plus qu'en dissertations. C'est quelque chose que l'on devine à travers les *Cantiques spirituels*. Humbles et soigneuses paraphrases. Variations libres, comme l'entendent les musiciens, dont les plus grands ne dédaignent pas qu'on leur donne un thème.

Et il court de grands risques. En intervenant de tout son crédit en faveur du monastère persécuté, en cherchant à y faire entrer ses filles, Racine s'oppose à la volonté royale. Certes, l'histoire de la disgrâce qu'il aurait connue en 1698 est une légende, encore une, dont Jean Pommier a fait justice [269]. Mais il y a eu alerte. Et le danger était permanent, réel pour un homme qui n'existait que par la faveur du souverain.

Quand on médite sur ces dernières années de Racine, à partir du moment où il est devenu l'intercesseur de Port-Royal auprès du pouvoir, on hésite. On ne sait s'il faut mettre en avant le courage réel que supposait cette situation difficile, courage dont la perception réduit à néant toutes les images d'un Racine rampant, ou s'il faut s'attarder à considérer l'habileté diplomatique dont le poète fait alors preuve. Parfois

HET WEDER KEEREN VAN LODEWYK DE XIII MET SYN HOFGEZIN.

LA RETRAITE DE LOVIS XIV AVEC SON SERRAIL

Gravure provenant du « Recueil des pièces héroïques et historiques pour servir d'ornement à l'histoire de Louis XIV dédiée à MM. Racine et Boileau historio-grafes de France » de F.-I. de Puechemeck (1693).

Louis XIV en Alexandre par Mignard, gravé par Pierre Carré, vers 1673. $\longrightarrow$

il prend envie de croire qu'il a, jusqu'au bout, aimé à jouer double jeu. Mais nous savons que, au moins quand il est question de ses personnages de théâtre, cette expression commode n'est qu'une approximation très grossière. Appliquée à Racine, elle supposerait qu'il a pu, d'une manière ou d'une autre, se moquer du roi, son bienfaiteur, comme il s'était gaussé, autrefois, de ces Messieurs de Port-Royal. Or rien ne permet d'en venir à une conclusion de ce genre.

Je sais que, dans l'idée du Roi, un janséniste est tout ensemble un homme de cabale et un homme rebelle à l'Église (4 mars 1698). Cette phrase figure dans une lettre à Mme de Maintenon, dont nous ne savons pas si elle a jamais été envoyée. S'il s'agit d'un brouillon, on s'explique mieux le ton de franchise un peu abrupte. Et pourtant cette franchise n'est pas invraisemblable. Peut-on dire si nettement à un monarque qu'il se trompe ? Oui, à condition que la phrase signifie qu'il a été trompé.

C'est là que nous retrouvons *Esther*. Non pas pour en faire une application à une situation particulière, persécution du jansénisme ou autre. Mais pour y déceler la présence d'une maxime dont il n'est pas impossible que Racine l'ait acceptée, tant elle est répandue, et à son époque et dans la tradition livresque dont il est nourri.

Le paysan malmené par les gabelous peut se persuader que le roi ignore quels crimes se commettent en son nom. Comme nombre de ses contemporains, Racine a pu se convaincre que les injustices du pouvoir n'étaient pas imputables au monarque lui-même : on avait agi sans son aveu, on avait insidieusement prévenu son esprit. C'est exactement ce qui se passe dans *Esther*, où le ministre, sous couvert d'utilité publique, exerce une vengeance personnelle en abusant de la confiance de son souverain. Il ne sert à rien de se demander si Aman ressemble à Louvois ; il serait aussi bien Concini ou Narcisse. C'est la figure générale du ministre corrupteur qui est en cause, et non telle ou telle personnalité.

Or cette figure est un lieu commun de la tradition. Elle vient de la Bible aussi bien que de la sagesse païenne. Elle se retrouve partout à la fin du XVIIe siècle, aussi bien chez

La Fontaine que chez le Fénelon du *Télémaque*. C'est l'élément obligé d'une dissertation sur les devoirs des rois, comme celle que récite Joad avant de proclamer Joas. C'est aussi le garde-fou qui rend possible l'invraisemblable rhétorique de la flagornerie, si commune au XVIIᵉ siècle, si déplaisante à nos yeux. Cette constante hyperbole, par laquelle le souverain se trouve presque divinisé, est évidemment l'arme par excellence de la flatterie intéressée, qui égare à son profit le jugement royal. Mais c'est aussi, paradoxalement, le recours du sujet respectueux de la justice. Selon un procédé que nous avons vu appliquer par Burrhus, on persuade le prince de s'identifier à cette image sublime que l'on projette et dont on admet que c'est la sienne. Et si la stratégie échoue, on peut toujours mettre en cause les mauvais flatteurs.

Une fois de plus, il n'est pas nécessaire de supposer que, en peignant Titus, Racine a voulu désigner Louis XIV. L'image d'une cour qui fait écran entre le prince et son peuple, qui détourne l'information, qui occulte la vérité, se répète jusqu'à l'obsession dans les écrits de Tacite. Elle fait partie d'une culture séculaire.

Ainsi s'explique la phrase citée plus haut. Ce n'est pas injurier le monarque que de le montrer entêté d'idées fausses. C'est seulement supposer qu'il est mal entouré. On s'amuse parfois à voir la quantité de mémoires que Racine a rédigés sur divers sujets dans les dernières années de sa vie. Sa correspondance y fait sans cesse allusion ; on dirait une manie. Mais cette manie n'a rien d'exceptionnel ; elle est un effet du système. Il faut éclairer l'autorité.

Nous avons peine à comprendre, parce qu'il nous apparaît qu'une morale politique ne peut pas laisser quelque personne que ce soit, fût-elle royale, hors de la portée de ses verdicts. Et nous nous rappelons que Tacite ne s'est pas contenté d'incriminer les ministres ; ni Tibère, ni Néron ne sont pour lui intouchables. Aussi Victor Hugo avait-il pour lui la plus grande admiration.

Il faut alors aller plus loin. Il faut se rappeler que l'empereur romain n'est somme toute qu'un usurpateur qui a su se maintenir. Il n'en va pas de même du roi de France, dont nul ne met en doute la légitimité. Le système de représentations est ici particulièrement complexe et il vaut la peine d'essayer de le débrouiller rapidement. On y trouve d'abord des éléments bibliques : le roi d'Israël a reçu l'onction divine, il a été choisi par l'Éternel. Les textes, là-dessus, sont formels ; et ce sont justement ceux que Racine, dans *Athalie*, a traduits, adaptés ou désignés par de nettes allusions. Leur interprétation est malaisée : on dirait qu'ils appartiennent à la fois à plusieurs civilisations différentes. Car ils renvoient à des idées très archaïques, plus vieilles que David, à une image du roi qui tend à se confondre avec celle d'un dieu. Mais ils offrent une autre possibilité : à la limite, le pouvoir politique est une nécessité qu'il serait inutile et dangereux de contester.

Le christianisme maintient l'ambiguïté. On peut se laisser porter par certaines paroles du Christ : « Mon royaume n'est pas de ce monde » ; « Rendez à César ce qui est à César » ; pour admettre qu'il est préférable de se plier à l'autorité en place, quelle qu'elle soit. On sera presque tenté de rapprocher l'épître de saint Pierre, qui recommande la soumission, et la morale provisoire de Descartes, qui aboutit à un résultat analogue.

Mais il est une autre voie, largement préférée, qui suit la tradition biblique : Louis XIV a été oint de l'huile sainte comme l'avait été David. En bonne théologie, le sacre royal n'est pas un sacrement comparable à l'ordination des prêtres ; c'est, distinction subtile, un sacramental. C'est encore un acte religieux. Et il s'est construit, tout au long du Moyen Age, un ensemble de légendes, avec intervention d'anges et de miracles : l'ampoule où est conservée l'huile sainte, l'oriflamme, les fleurs de lys, autant de dons de Dieu. On y croit ou, comme Étienne Pasquier, érudit et critique de la Renaissance tardive, on sait qu'il vaut mieux y croire, dans l'intérêt de l'État. On reporte ces légendes sur les premiers souverains francs, sur Clovis ; tout se passe comme si on christianisait après coup des représentations païennes, germaniques cette fois, sur la filiation divine des princes. Et, comme ses ancêtres, Louis XIV fait des miracles : ses mains ont le pouvoir de guérir les écrouelles.

« Nous comprenons mal l'idolâtrie dont la royauté et les rois étaient alors l'objet ; nous avons peine à ne pas l'interpréter fâcheusement, comme l'effet de je ne sais quelle bassesse servile. Cette difficulté où nous sommes de pénétrer, sur un point si important, la mentalité d'une époque que la tradition littéraire nous rend pourtant très familière tient peut-être à ce que nous n'en étudions trop souvent les conceptions en matière de gouvernement que dans ses grands théoriciens. L'absolutisme est une sorte de religion : or, ne connaître une religion que par ses théologiens, ne sera-ce pas toujours en ignorer les sources vives [...] Pour comprendre même les plus illustres docteurs de la monarchie, il est bon de connaître les représentations collectives, legs des âges précédents, qui vivaient encore à leur époque d'une vie singulièrement forte. [...] Les idées qu'exposent couramment les publicistes royalistes du xvie et du xviie siècle [...] n'étonnent que si l'on ne sent pas en elles le long héritage médiéval [270]. » Cette longue citation de Marc Bloch est essentielle pour notre propos. Elle aide à comprendre un fait qui doit nous paraître exorbitant : Louis XIV est un être sacré. Racine a beau l'avoir approché d'assez près, il n'existe aucune raison de supposer qu'il ait pu le regarder avec les yeux d'un Jacobin.

Ce point particulier appelle des considérations plus générales. Ce n'est pas en vain que nous avons posé plus haut la question paradoxale de savoir de quand datait l'œuvre de Racine, à quelle époque elle appartenait. De même qu'on a tendance à réduire cette œuvre à un système dramatique supposé cohérent, de même on introduit, dans l'étude d'une période historique assez brève, comme le Grand Siècle, une cohérence en partie illusoire. Une société, comme une œuvre littéraire, sera plus exactement perçue si on pose comme hypothèse méthodologique la coexistence d'ensembles idéologiques d'abord décrits comme hétérogènes et entre lesquels on étudiera ensuite des jeux de compromis.

Par certains aspects de sa personnalité, Racine est encore un homme de ce Moyen Age qu'à coup sûr il ignore. Et l'on gagnerait sans doute à décrire ses relations avec le jansénisme en termes archaïques d'appartenance à un clan, de fidélité personnelle. Il pourrait en aller de même pour l'analyse de ses relations avec la personne du roi.

Au risque de délirer, on peut même se demander s'il n'a pas été conscient d'une extraordinaire coïncidence entre sa destinée et celle de Louis XIV. Ils naissent presque la même année, s'affirment avec éclat à peu près au même moment. Il se trouve aussi que le jeune prince songe, plus que ne l'avaient fait ses prédécesseurs, à rapprocher de lui ceux qui sont maîtres en leur art. « Le Roi fait donner des pensions aux gens de lettres. » Nous avons le plus grand mal à faire le départ entre ce qui est organisation administrative d'une sorte de ministère de la propagande et ce qui relève de la construction d'un mythe. Car il est clair que Colbert, et Chapelain son séide, ne souhaitaient pas seulement faire honorer par le roi ceux qui s'étaient déjà illustrés par leurs écrits ; il fallait que ces hommes fussent au service du prince et de sa gloire. Racine est l'exemple le plus frappant des effets que produit cette politique, puisqu'il a dû renoncer aux personnages antiques en faveur de Louis XIV, son contemporain. C'est sans aucun doute son *Ode sur la convalescence du roi* qui lui a mis le pied à l'étrier. Devenu historiographe, il est prié de se souvenir qu'il connaît aussi l'art des vers et d'écrire une *Idylle sur la Paix*. N'oublions pas non plus le prologue d'*Esther*, ni tout le travail accompli, si vain qu'il nous paraisse, pour composer des inscriptions de médailles.

Mais il y a autre chose. Entre les artistes et le prince il y a comme une circulation mystique de la gloire. L'illustration d'un grand poète rejaillit sur le souverain dont il se trouve être le sujet, ou s'explique mystérieusement comme une émanation de la lumière royale. Nous connaissons le mythe par Voltaire, qui, dans son *Siècle de Louis XIV*, a réussi le tour de force de construire à la fois l'idée de période homogène et celle d'un Age d'Or. Et nous avons peine à percevoir distinctement dans quelle énorme mesure nous sommes encore dépendants de ce mythe.

Or tout se passe comme si l'œuvre de Racine jouait sur l'ambiguïté de la politique royale. La seule tragédie où resplendisse l'image d'un Roi-Soleil, c'est *Alexandre*. Raymond

Picard s'est demandé, non sans ironie, comment il se pouvait faire qu'une pièce aussi conforme au schéma racinien laisse parfaitement froid le lecteur contemporain. Nous répondrions volontiers que le schéma n'est pas appliqué à la rigueur, parce qu'Alexandre, comme l'a dit l'oracle, est dieu. Chacun de ses gestes est parfait ; il n'y a place pour aucune hésitation, aucun frisson de cette terreur, dont Aristote faisait l'un des ressorts de la tragédie. En évitant de récrire *Cinna*, Racine a fait disparaître jusqu'à l'idée de délibération : il est trop clair qu'Alexandre, en prince chevalier, en monarque astral qu'il est, ne peut que pardonner à son estimable adversaire. Il rayonne.

Mais ce personnage, dans l'œuvre de Racine, est tout à fait exceptionnel. Les chevaliers, les paladins qui lui font suite sont des paladins malheureux. Et il ne paraît plus de roi qui n'ait quelque imperfection. Monstres, comme Néron ou Amurat, victimes, comme Titus ou Agamemnon, ils n'exercent plus cette tranquille puissance qui permettrait de les comparer à des soleils, qui en feraient de nouvelles manifestations du mythe.

On se souvient que dans son *Attila* (1667), Corneille n'avait pas manqué l'occasion de placer un morceau de bravoure : l'éloge vibrant de Mérovée, contemporain du roi des Huns et ancêtre à moitié fabuleux de tous les rois de France. Rien de semblable chez Racine. Pas la moindre trace d'intérêt pour cette période troublée qui vit la chute de Rome et la naissance des royaumes dits barbares. Or cette période a inspiré, à l'époque, plus d'un poète épique ou dramatique.

Non, Racine s'intéresse aux Grecs, aux Romains, éventuellement aux Turcs. Il semble n'avoir aucun intérêt pour les légendes patriotiques. S'il travaille à la gloire du roi, dans ses tragédies, c'est uniquement par le moyen de leur perfection propre. On hésite à comprendre ce que signifie exactement une phrase alambiquée qui figure dans la dédicace de *Bérénice*. Racine s'adresse à Colbert, non sans faire allusion au roi. Il écrit : *L'on sait que les moindres choses vous deviennent considérables, pour peu qu'elles puissent servir ou à sa gloire ou à son plaisir.* La question est de savoir si *Bérénice* fait partie de ces petites choses qui servent à la gloire du roi. Il est bien difficile d'apprécier la portée du « ou ». Dans l'hypothèse où la tragédie n'est pas seulement, pour le prince, occasion de plaisir, il apparaît qu'elle sert le pouvoir non par ce qu'elle dit, mais par ce qu'elle est.

La notion d'indépendance fait une nouvelle entrée, triomphale. Racine a fait carrière, c'est clair. Il a su profiter de la faveur dont il était l'objet de la part du roi. On retrouve dans ses pièces des maximes politiques dont, comme ses contemporains, il était imbu. Mais on ne saurait à aucun moment, *Alexandre* mis à part, lire dans ses tragédies un reflet de son attitude à l'égard de Louis XIV. Ou bien on fait de toujours possibles et toujours douteuses applications : les paroles de Narcisse à la fin du quatrième acte de *Britannicus* seraient une admonestation à un prince trop amoureux des fêtes [271]; l'histoire de *Bérénice* reproduirait celle de Marie Mancini. On peut rêver. Mais, à moins qu'on ne prétende rivaliser avec *le Vicomte de Bragelonne*, on devra reconnaître que l'énormité même de ces allusions les rend tout à fait improbables.

L'expérience cruciale serait facilement fournie par un texte d'*Athalie*.

> *J'entrai dans une autre carrière,*
> *Et mon âme à la cour s'attacha toute entière,*
> *J'approchai par degrés de l'oreille des rois,*
> *Et bientôt en oracle, on érigea ma voix.*
> *J'étudiai leur cœur, je flattai leurs caprices,*
> *Je leur semai de fleurs le bord des précipices;*
> *Près de leurs passions rien ne me fut sacré;*
> *De mesure et de poids je changeais à leur gré* [272].

Racine a changé de carrière en 1677, il est entré à la cour, au grand scandale de bien des gens qui le jugeaient trop bourgeois. Il a su s'imposer, se rendre nécessaire, malgré les brocards de ses ennemis. Il a versé dans la dévotion à l'époque où le roi en faisait autant. Mais enfin, il crève les yeux, le sens de cette tirade. Ce n'est pas Mathan qui parle. C'est Racine.

C'est justement parce que l'interprétation crève les yeux qu'elle est impossible. La recherche des clés dans les ouvrages de fiction occupait alors nombre de badauds, et pas toujours bien intentionnés. Bussy-Rabutin paya fort cher le fait d'avoir écrit, avec son *Histoire amoureuse des Gaules*, un livre de chroniques où les masques n'étaient pas assez opaques. Notons qu'il ne l'avait pas publié.

Or *Athalie* a été éditée. Nul ne s'est avisé, à notre connaissance, d'y découvrir l'application qui paraît si évidente. Vraiment la chose eût été au-delà de l'énorme. Non, on avait affaire à l'un de ces innombrables développements sur le thème rebattu du flatteur pernicieux, du ministre perfide. A quelques pages de là, Joad tenait le discours inverse, le discours de la vérité, la mise en garde contre le mensonge.

Et c'est là que le lecteur contemporain peut avoir un doute. Il ne s'agit nullement ici d'emboîter le pas à ceux qui toujours soupçonnent et se croiraient déshonorés s'ils prenaient pour de bon argent ce qu'un poète peut dire dans ses préfaces, ses lettres ou ses vers. Il existe une race de critiques qui tente de prouver sa supériorité par l'excès même de sa méfiance.

Si l'on peut avoir un doute, c'est parce que, on s'en souvient, Racine a fait travailler les demoiselles de Saint-Cyr comme il avait fait travailler la Champmeslé. Il a dû déclamer cette tirade de Mathan, et celle de Joad, avec toutes les intonations convenables. Mais nul ne pourra dire si jamais, dans son for intérieur, il a ri. S'il subsiste un doute, c'est parce que l'on ne sait pas encore exactement ce que c'est qu'un comédien.

Oui, Racine est fait pour désespérer la critique qui va de l'homme à l'œuvre. Mais quand on suit le chemin inverse, on n'est pas plus sûr de soi.

Même la correspondance des dernières années, si grave, si décevante pour quiconque y cherche le Racine qu'il croit connaître, même ce monument de respectabilité présente parfois à la lecture d'interminables difficultés.

Je suis persuadé, comme vous, que la joie de revoir un prince qui témoigne tant de bonté pour vous vous fera plus de bien que tous les remèdes. M. Roze m'avait déjà dit de vous mander de sa part qu'après Dieu, le Roi était le plus grand médecin du monde,

et je fus même édifié que M. Roze voulût bien mettre Dieu devant
le Roi : je commence à soupçonner qu'il pourrait bien être en effet
dans la dévotion (à Boileau, 24 août 1687). Qu'il y ait là persi-
flage, c'est ce qui ne fait aucun doute. L'identité du correspondant est un indice supplémentaire. Boileau est un vieil
ami, un vieux complice, avec qui Racine, autrefois, a bien bu
et bien ri ; et il n'existe aucune raison sérieuse de contester le
récit traditionnel selon lequel *les Plaideurs* lui doivent quelques
traits. Cela ne signifie nullement qu'il a existé entre les deux
amis une parfaite identité de vues et de goûts. Même réduite
à Racine et Boileau, la fameuse « école classique de 1660 »
est un mythe, sous-produit de cet autre mythe, le Siècle de
Louis-le-Grand. Mais, pour lire la lettre que nous venons de
citer, il suffit de savoir que les deux historiographes ont
accoutumé de rire ensemble. Ils rient, donc, mais de qui ?
De M. Roze, sans aucun doute, courtisan ridicule, à la bouche
gonflée d'hyperboles. Ce n'est pas être athée que de railler
un sot dévot ; ce n'est pas manquer de respect au roi que
d'épingler un flatteur balourd. Mais la première phrase de
notre extrait n'est pas assignée à cet important imbécile.
L'épistolier s'y compromet, aussi bien que le destinataire.

Raymond Picard hésitait en commentant ce casse-tête.
On ne peut qu'imiter sa prudence, non sans noter toutefois
que, comme par hasard, des métaphores de théâtre se glissent
sous sa plume : « Racine prend parfois quelque recul par
rapport au personnage qu'il joue. »

Plusieurs de nos contemporains ne perçoivent pas l'intérêt
de ce genre d'analyses. Peu leur importe au fond de savoir ce
que Racine a réellement pensé, à quel point il était janséniste,
comment il aimait ses maîtresses, quel degré de respect il
avait pour son roi.

D'une étude historique ils attendent autre chose que ces
insaisissables détails biographiques. Sous une autre forme,
plus imposante, c'est pourtant toujours la même question
qui revient ; on ne demande plus quel rapport d'analogie
peut être perçu entre l'homme Racine et son œuvre, mais
quelle relation unit cette œuvre à l'époque où elle a été pro-

duite. De quelque façon qu'on s'y prenne, cette relation a toutes chances d'être, elle aussi, une relation d'analogie. Qu'on se rappelle la phrase de Barthes sur Goldmann que nous avons citée en commençant. Elle n'a pas plus de rides que cette formule de Marc Bloch, antérieure de vingt ans : « On n'oserait plus écrire aujourd'hui, tout uniment, que, la littérature est l'expression de la société [273]. » Justement, on l'ose encore, et c'est pourquoi on ne perd rien à faire semblant de constater le contraire.

Nous l'avons vu, on retrouve dans l'œuvre dramatique de Racine certaines des maximes sur le pouvoir royal dont ses contemporains avaient la tête farcie. Mais la question se pose de savoir quel rôle elles y jouent. Au fond, toutes proportions gardées, on se trouve devant le problème que nous avons déjà rencontré en comparant l'aveu de Phèdre selon Sénèque et selon Racine. Le matériau est en partie le même ; mais, dans l'organisation, dans la répartition des accents, éclate une prodigieuse différence.

Que des maximes sur le bon usage du pouvoir royal servent à la construction de *Britannicus*, de *Bérénice* ou de *Mithridate* ne permet nullement de conclure à leur position dominante dans ces pièces. Peut-être n'y figurent-elles que pour charpenter la vraisemblance, elle-même condition secondaire de l'effet dramatique. A partir de là, il convient de rendre compte de cette condition elle-même : pourquoi, dans la littérature de cette époque, une certaine vraisemblance est-elle jugée nécessaire, indispensable à l'acceptabilité de l'œuvre tragique ? On découvre alors quelles sont en ce temps-là les conditions de la production littéraire, qui imposent, dans de certaines limites, une intégration de la fiction à la réalité telle qu'elle est perçue. L'idée que la littérature est l'expression d'une société pourrait bien être, sous une certaine forme, une idée louis-quatorzienne. Mais ce n'est pas l'absolutisme traditionnel qui est alors en jeu, encore moins la mission divine du souverain. C'est le formidable travail de rationalisation, d'unification qui est alors en cours, et qui se poursuivra une fois tranchée la tête du presque dernier Capétien. L'écrivain n'est pas seulement au service de la

Lire Racine, est-ce reconstituer une époque, avec panaches et spectateurs sur la scène ? (*Andromaque*, 1908). ⟶

gloire royale ; il a pour charge également de reproduire en la renforçant l'image cohérente que se donne d'elle-même une société travaillée par des conflits visibles ou non.

Une fois de plus, nous n'avons aucune raison de suspecter chez Racine une mauvaise foi quand, à la fin de la préface de *Phèdre*, il assimile presque la tragédie aux discours de la philosophie morale. La fiction doit servir à l'instruction, c'est pourquoi il lui faut être vraisemblable. C'est encore, toutes proportions gardées, le vieux problème de l'intégration des mythes par une philosophie à prétentions rationnelles. Et c'est la porte ouverte à l'utilisation scolaire des tragédies, planches anatomiques où l'on apprend conjointement la psychologie et la vertu.

Mais si cette analyse, d'ailleurs banale, a quelque justesse, il faut en bien voir les limites. On découvre une apparente analogie entre une théorie littéraire et un système politique. Or deux points sont à noter.

D'abord, il ne s'agit pas d'une analogie, car une analogie supposerait que soient disjoints les deux ensembles auxquels elle s'applique. Or il n'en est rien. Car un même système de valeurs domine la théorie littéraire et la doctrine politique ; les notions d'unité, de hiérarchie rationnelle y jouent le rôle le plus important.

D'autre part, il y a une grande distance de la théorie littéraire à la réalisation effective des œuvres. On montre, certes, que la théorie est bien de son temps, pour reprendre une expression un peu désuète. Mais on a alors défini, peut-être, les conditions dans lesquelles l'œuvre a été réalisée ; on n'a exactement rien dit sur sa réalité.

Il faut le remarquer, une analyse du même type, menée sur le motif et les maximes de ce que nous avons appelé le paladin malheureux, nous conduirait dans une autre direction. Certes ces maximes construisent une vraisemblance, dont nous avons vu pourquoi elle était nécessaire. Mais elles renvoient par ailleurs à un autre système de valeurs que, pour faire vite, on pourra appeler « aristocratique », voire, déjà, « réactionnaire ».

Faut-il le répéter ? On ne gagne rien à défendre jusqu'à la

hart l'hypothèse qu'une société, une œuvre, sont exactement contemporaines d'elles-mêmes. Nous l'avons bien vu en essayant de définir comment Racine pouvait percevoir son roi : déjà un despote éclairé ? encore un roi thaumaturge ?

Nous avons cru voir percer ce dernier motif dans *Athalie*, remettant à plus tard de déterminer à quelles conditions son apparition y est possible. Il faudrait encore préciser quel rôle il y joue. En se contentant de dire qu'il exprime l'aspect archaïque de l'idéologie royale, on risque de faire une analogie boîteuse. *Les Fleurs du mal* et l'obélisque de Louxor ont ceci de commun qu'on y trouve des oiseaux.

Qu'en déduire ? La persistance de représentations archaïques à l'époque de Louis XIV est une des conditions de possibilité de leur apparition dans *Athalie;* il en est d'autres : certain passage de *l'Odyssée*, certains psaumes. Et si vraiment se cache dans la tragédie l'image d'un roi maître de la fécondité, avec le motif conjoint d'un retour éternel des choses, ils ne peuvent en aucune façon passer pour la signification dernière, pour le sens le plus profond de l'ouvrage. Il est trop clair qu'ils sont en parfaite contradiction avec l'intention exprimée. C'est se simplifier beaucoup la besogne que d'assimiler inconscient et vérité.

Il faudra peut-être en dire autant d'un motif dont la présence est, cette fois, incontestable, celui de la victime. On lui trouvera, si l'on veut, une origine janséniste, non point qu'il commande la théologie de la secte, mais bien parce qu'il a été très consciemment vécu par les persécutés. L'analogie n'a d'intérêt que dans la mesure où elle déçoit. Certes les innocents sont méchamment mis à mort. On peut même trouver comme une teinte janséniste à ce souci, tout aristotélicien, de projeter sur les héros les plus parfaits une ombre de culpabilité. Mais ferons-nous de Bajazet, de Bérénice, l'image du juste souffrant ? Mais soutiendrons-nous que Dieu se tait, alors qu'il hurle, féroce, par les bouches de la foule ? Dieu est caché, mais seulement derrière le rideau. Et ce n'est pas lui qui est muet, ce sont les esclaves de Roxane. Il faut oublier tous ces détails – et sont-ils minces ? – pour réaliser, par application, l'analogie désirée.

Il faut aussi oublier que le motif de la victime est imposé par la tradition littéraire et la théorie de la tragédie. A-t-il connu Port-Royal, ce Tristan l'Hermite dont la merveilleuse *Mariane* fait, depuis 1636, pleurer les spectateurs ? Et Quinault, et Thomas Corneille ont-ils reçu l'empreinte jansé-niste ? Là encore, la question se pose de savoir pourquoi un certain public a pris plaisir à verser des larmes [274]. Mais, si l'on y répond, on aura, une nouvelle fois, défini l'une des conditions de possibilité de l'œuvre racinienne, et rien de plus.

Formons l'hypothèse que les tragédies de Racine ne sont ni des traités de théologie, ni des pamphlets politiques, ni des discours moraux, ni des essais philosophiques. Disons, avec toute la prudence requise, car nous ne savons pas bien ce que le mot signifie, que ce sont des œuvres d'art. Non pas pour imposer à quiconque un devoir d'admiration. S'incliner devant Racine est une obligation scolaire. Il est étonnant qu'il y ait résisté.

Disons-le simplement pour indiquer un chemin à suivre. Un chemin qui se détourne de la question : qu'est-ce que cela représente ? Pour s'ouvrir sur une autre, plus modeste et peut-être infinie : comment cela est-il fait ?

Et souhaitons que sur cette question-là au moins puissent se rencontrer Raymond Picard et Roland Barthes, hier adver-saires irréconciliables, aujourd'hui réunis dans la mort.

Oui, vos moindres discours ont des grâces secrètes

Nous n'avons de Racine qu'un portrait absolument sûr. Tous les autres, dont on a cru qu'ils le représentaient, sont au moins fort douteux. Il ne nous reste qu'un visage empâté, désespérément sérieux. On devrait le cacher.

Mais, s'il est permis de rêver, plus que le visage de Racine, nous regretterons sa voix. On la dit belle, et souple, et vibrante. Pour savoir quel il fut, c'est elle qu'il nous faudrait entendre.

On sait bien que Racine a peint les hommes tels qu'ils sont, et Corneille tels qu'ils devraient être. On sait moins que La Bruyère a copié sa formule dans la *Poétique* d'Aristote, qu'elle s'y appliquait à Sophocle et à Euripide, que c'est un cadre vide où pourraient figurer, pour torturer les collégiens, tous les illustres gémeaux de l'histoire littéraire : Goethe et Schiller, Tolstoï et Dostoïevski, Sartre et Camus, etc.

Racine n'a pas peint les hommes. Il leur a donné sa voix.

Il se souciait peu de peindre les hommes, parce que ce n'est pas difficile. Ce fameux art de la psychologie n'est rien d'autre, dans la tragédie classique, que ce que sont dans la peinture l'anatomie ou la perspective : des techniques auxiliaires, qu'il faut connaître pour que le tableau ne choque pas celui qui le regarde. L'art de Poussin ne s'y réduit pas plus que celui de Couperin à la maîtrise de l'harmonie.

Dans la doctrine classique, on ne parle pas de psychologie, mais de « mœurs ». Il faut éviter que le personnage ne prononce des paroles qui ne sont pas convenables à son état. Joas a neuf ou dix ans. *Je crois ne lui avoir rien fait dire qui soit au-dessus de la portée d'un enfant de cet âge, qui a de l'esprit et de la mémoire.* Voilà ce qui importe. La règle est toute négative. Encore Racine ajoute-t-il : *Mais quand j'aurais été un peu au-delà* [275]. On peut toujours expliquer et justifier une licence.

(Caen)

(Versailles)

(Limoges)

De tout ce que tu vois tâche de ne rien croire (Andromaque, II, 1).

(Langres : même ce portrait-ci est controversé.)

(Versailles)

(Chambord)

On passe pour profond psychologue en semant, çà et là, quelques paradoxes piquants, en transformant à vue l'amour en haine, en faisant, au bon moment, délirer les personnages. *Qui te l'a dit*[276] ? *Tu le savais*[277]. Cris du cœur, devant lesquels, surpris par tant d'audace, on pâme. Mais on s'est aussi offusqué que Racine ait osé nommer par leur nom les chiens[278].

Peindre les hommes tels qu'ils sont, c'est appliquer les maximes qu'ils reconnaissent. La même technique sert d'ailleurs pour les peindre tels qu'ils devraient être. Le tout est de ne pas choquer l'idée qu'ils se font d'eux-mêmes et des autres.

C'est aussi simple que de faire des vers. Il suffit d'éviter l'hiatus, d'élider ou non les *e* muets selon leur position, de respecter les césures... Il suffit de ne pas faire de fautes.

Le mot de « vers » est celui qui se rencontre le plus souvent dans les lettres de Racine quand, par exception, il parle de poésie. Il ne peint pas les hommes, il fait des vers. C'est une tâche autrement difficile.

Nous n'entreprendrons pas ici de décrire comment il s'y prend, comment ses phrases se soumettent au mètre ou se rebellent contre lui, comment il dispose les accents pour construire des mélodies qu'il reprend, brise et ramène. Il y faudrait tout un traité, qui serait aussi fastidieux que l'analyse harmonique d'une pièce de Couperin. Mais les meilleurs d'entre les comédiens n'ignorent pas plus que les clavecinistes que seule cette analyse leur donne accès à l'interprétation ; à l'interprétation comme ils l'entendent, qui n'est pas invasion de discours, mais voix rendue aux signes noirs sur la page blanche, mais cheminement dans cette obscure région du corps où flottent les ombres errantes.

> *Pour apaiser mon sang et mon ombre plaintive,*
> *Dis-lui qu'avec douceur il traite sa captive,*
> *Qu'il lui rende*[279]...

Le vers est comme une histoire, qui naît, se poursuit et se rompt. Il revient comme l'inépuisable mouvement d'un récit. On ne le fige pas, on ne peut qu'en suivre l'inflexion. Il est comme un cortège, comme une marche lente.

Adieu. Servons tous trois d'exemple à l'univers
De l'amour la plus tendre et la plus malheureuse
Dont il puisse garder l'histoire douloureuse.
Tout est prêt. On m'attend. Ne suivez point mes pas.
Pour la dernière fois, adieu, Seigneur [280].

Et lentement la reine s'éloigne. Elle s'enfonce dans d'infinies pénombres, seule, à jamais, vers l'Orient désert. Elle s'éloigne, elle n'en finit pas de s'éloigner.

On sait qu'elle ne se retournera pas.

Racine, hélas!
(portrait de Racine par Santerre).

Britannicus Theatre est
un palais a volonté il faut 2 portes
2 fauteuilles pour Le 4me acte des rideaux

Berenice Le Theatre
est un petit cabinet roialle ou il y a
des chaises un fauteuille et 2 lettres

Baiazet Le theatre est
un sallon a La turque 2 poignards

Mitridatte
Le theatre est un palais a volonté
un fauteuille 2 tabourets

Iphigenie theatre est
des tentes et dans Le fonds une mer et
des vaisseaux un billet pour commancer

phedre theatre
est un palais vouté
une chaise pour commancer

Camma theatre
est un palais a volonté il faut
un ~~por~~ poingnard un fauteuille

Stilicon theatre
est un palais a volonté un billet

Antiochus theatre
est un palais a volonté un
portrait

Ariane theatre

Notes

1. *Phèdre*, V, 6, v. 1593.
2. *Ph.*, V, 7, v. 1635-6.
3. *Britannicus*, II, 6, v. 736-7.
4. *Ph.*, II, 5, v. 691-2.
5. *Brit.*, V, 6 | *Andromaque*, III, 4 | *Ph.*, II, 5.
6. *Ph.*, I, I.
7. Racine, *O.C.* (Pléiade), tome I, p. 1146.
8. Barthes, *Sur Racine*, p. 163.
9. *Iphigénie*, II, 2, v. 573.
10. *Sur Racine*, p. 157.
11. *Ibid.*, p. 161.
12. *Ibid.*, p. 64.
13. *O.C.* (Pléiade), tome I, p. XIII.
14. *Sur Racine*, p. 155.
15. *Ibid.*, p. 21.
16. Louis Racine, *Mémoires...* in Racine, *O.C.* (Pléiade), tome I, p. 42.
17. *La Thébaïde*, préface.
18. *Brit.*, préface.
19. *Bérénice*, préface.
20. *Bér.*, II, 2, v. 447.
21. *Brit.*, IV, 4, v. 1480.
22. *Ph.*, III, 3, v. 911.
23. *O.C.* (Pléiade), tome I, p. 458.
24. *Bér.*, I, 5, v. 305-6.
25. *Ibid.*, III, 3, v. 914.
26. *Ibid.*, III, 3, v. 918.
27. *Théb.*, II, 2.
28. *Ibid.*, V, 6.
29. *Ph.*, IV, 2, v. 1093.
30. *Iph.*, II, 2, v. 551.
31. *Ibid.*, II, 2, v. 577.
32. *Les Plaideurs*, I, 5, v. 154 (et *Le Cid*, v. 35).
33. *Ph.*, I, I, v. 120.
34. *Ph.*, III, 3, v. 901.
35. *Sur Racine*, p. 29.
36. *Ph.*, III, 2, v. 816.
37. *Iph.*, V, 6, v. 1743.
38. *O.C.* (Pléiade), tome II, p. 746.
39. *Plaid.*, III, 3, v. 818.
40. *Polyeucte*, V, 3, v. 1665 sq.
41. *O.C.* (Pléiade), tome II, p. 783.
42. *Ibid.*, tome II, p. 797.
43. *Alexandre*, II, 2.
44. *Ph.*, II, I, v. 380 sq.
45. *Iph.*, V, 6, v. 1785.
46. *Polyeucte*, IV, 3, v. 1198.
47. *Ph.*, I, 3, v. 191 sq.
48. Chénier, *Iambes*.
49. *Ph.*, III, 5, v. 965-6.
50. *Ibid.*, V, 7.
51. *Brit.*, IV, 3, v. 1314.
52. Roxane est traitée d'esclave, *Bajazet*, II, 5, v. 719.
53. *Brit.*, préface.
54. *Baj.*, I, 2, v. 235.
55. *Ibid.*, I, 2, v. 233.
56. *Ibid.*, I. 2, v. 231.
57. *Mithridate*, IV, 6, v. 1426.
58. *Andr.*, V, 5, v. 1586.
59. *Brit.*, V, 8, v. 1752.
60. *Esther*, III, 8, v. 1190.
61. *Ibid.*, III, 6, v. 1172.
62. *Athalie*, V, 8, v. 1810.
63. *Iph.*, V, 6, v. 1173.
64. *Ibid.*, V, 5, v. 1702.
65. *Ibid.*, V, 6, v. 1738.
66. *Ibid.*, I, 3, v. 290.
67. *Ibid.*, I, 3, v. 293.
68. *Andr.*, II, 2, v. 491.

Notes de Mahelot, décorateur de l'hôtel de Bourgogne.

69. *Bér.*, IV, 7, v. 1240.
70. *Ibid.*, IV, 8, v. 1241.
71. *Ibid.*, II, 2, v. 371 sq.
72. *Ibid.*, II, 2, v. 377.
73. *Brit.*, IV, 2, v. 1135.
74. *Bér.*, II, 2, v. 383.
75. *Ibid.*, IV, 5, v. 1139.
76. *Ibid.*, IV, 5, v. 1142.
77. *Ibid.*, IV, 4, v. 1007.
78. *Ibid.*, IV, 4, v. 1002.
79. *Ibid.*, IV, 4, v. 1017.
80. *Ibid.*, V, 5, v. 1313.
81. *Ibid.*, IV, 5, v. 1087.
82. *Ibid.*, I, 5.
83. *Baj.*, V, 4.
84. *Bér.*, II, 2, v. 380.
85. *Andr.*, III, 2, v. 821.
86. *Baj.*, V, 11, v. 1711.
87. *Ibid.*, IV, 5, v. 1271.
88. *Ph.*, II, 2, v. 524.
89. *Ibid.*, II, 5, v. 630.
90. *Bér.*, I, 4, v. 185.
91. *Mithr.*, II, 6, v. 676.
92. *Plaid.*, I, 5, v. 141.
93. *Ibid.*, III, 3, v. 740.
94. *Ibid.*, I, 5, v. 145.
95. *Ibid.*, II, 6, v. 485.
96. *Ibid.*, III, 3, v. 668.
97. *Ibid.*, III, 3, v. 698.
98. *Ibid.*, III, 3, v. 718.
99. *Ibid.*, I, 5, v. 123.
100. *Mithr.*, III, 5.
101. *L'Avare*, IV, 3.
102. *Baj.*, I, I, v. 177.
103. *Ibid.*, I, I, v. 185.
104. *Mithr.*, V, 5, v. 1687.
105. *Ibid.*, III, 5, v. 1067, cf. *Bér.*, I, 4, v. 272.
106. *Athalie*, IV, I et IV, 5, v. 1260 et v. 1438.
107. *Ibid.*, V, 2, v. 1653.
108. *Ibid.*, V, 2, v. 1659.
109. *Ibid.*, V, 2, v. 1660.
110. *Ibid.*, V, 3, v. 1670.
111. *Ibid.*, III, 3, v. 870.
112. *Ibid.*, II, 5, v. 487.
113. *Ibid.*, I, I, v. 49.
114. *Ibid.*, V, 6, v. 1775.
115. *Brit.*, III, 3, v. 854.
116. *Iph.*, IV, 6, v. 1413.
117. *Brit.*, IV, 4, v. 1445.
118. *Plaid.*, I, 7, v. 224.
119. *Ibid.*, III, 3, v. 745.
120. *Ibid.*, III, 3, v. 828.
121. *Bér.*, I, I, v. 6.
122. *Ibid*, II, 2, v. 423.
123. *Alexandre*, III, 6.
124. *Pompée*, IV, 3.
125. *Ph.*, II, 2, v. 542.
126. *Bér.*, I, 4, v. 212.
127. *Ph.*, II, 2, v. 553.
128. *Bér.*, I, 4, v. 256-7.
129. *Ph.*, II, 2, v. 537.
130. *Ibid.*, II, 2, v. 526.
131. *Ibid.*, II, 2, v. 540.
132. *Baj.*, I, 4 ; V, 4 ; V, 6.
133. *Ibid.*, III, 2, v. 886.
134. *Ibid.*, I, I, v. 178.
135. *Bér.*, I, 4, v. 189.
136. *Sur Racine*, p. 28.
137. *Ibid.*, p. 22.
138. *Ph.*, II, I, v. 436.
139. *Mithr.*, I, 2, v. 193.
140. *Ibid.*, I, 2, v. 203.
141. *Bér.*, V, 5, v. 1321.
142. *Ibid.*, V, 7, v. 1480.
143. *Ibid.*, V, 5, v. 1349.
144. *Ibid.*, V, 5, v. 1360.
145. *Mithr.*, I, 2, v. 203.
146. *Ibid.*, II, 6, v. 681.
147. *Ibid.*, II, 6, v. 687.
148. *Ph.*, II, 5, v. 683 sqq.
149. *Ibid.*, II, 5, v. 694.
150. *Ibid.*, I, 3, v. 289-90.
151. Sénèque, *Phèdre*, v. 645.
152. *Ph.*, II, 5, v. 633.
153. *Ibid.*, II, 5, v. 634.
154. Sénèque, *Phèdre*, v. 646.
155. *Ph.*, II, 5, v. 627 sqq.
156. Sénèque, *Phèdre*, v. 648.
157. *Ph.*, II, 5, v. 636.
158. *Ibid.*, II, 5, v. 639.
159. *Ibid.*, I, 3, v. 177-8.
160. *Ibid.*, II, 5, v. 640.

161. Sénèque, *Phèdre*, v. 660.
162. *Ibid.*, v. 661.
163. *Ibid.*, v. 663.
164. *Ph.*, II, 5, v. 658.
165. *Brit.*, préface.
166. *O.C.* (Pléiade), tome I, p. 951-954.
167. *Ph.*, IV, 6, v. 1286-7.
168. *Andr.*, III, 8, v. 992.
169. *Ibid.*, III, 8, v. 999.
170. *Andr.*, III, 7, v. 976.
171. *Ibid.*, III, 8, v. 1011.
172. *Ibid.*, III, 8, v. 981.
173. *Ibid.*, III, 8, v. 986.
174. *Ibid.*, III, 8, v. 1006.
175. *Ibid.*, III, 8, v. 1018.
176. *Ibid.*, III, 8, v. 992.
177. *Ibid.*, III, 8, v. 1048.
178. *Brit.*, IV, 2, v. 1117.
179. *Ibid.*, IV, 2, v. 1196.
180. *Ibid.*, IV, 2, v. 1270.
181. *Ph.*, I, 1.
182. *Ibid.*, IV, 6, v. 1301.
183. *Ibid.*, IV, 6, v. 1304.
184. *Baj.*, II, 1, v. 453-4.
185. *Ibid.*, I, 3, v. 290-2.
186. *Ibid.*, II, 3, v. 590.
187. *Ibid.*, II, 1, v. 466.
188. *Ibid.*, II, 1, v. 471-2.
189. *Théb.*, I, 1.
190. *Andr.*, IV, 3, v. 1157 sq.
191. *Iph.*, IV, 4, v. 1269.
192. *Ibid.*, V, 6, v. 1757.
193. *Ph.*, I, 3, v. 249-50.
194. *Ibid.*, III, 1, v. 792.
195. *Ibid.*, III, 2, v. 822.
196. *Iph.*, IV, 4, v. 1249 sq.
197. *Bér.*, IV, 6, v. 1212.
198. *Ibid.*, IV, 5, v. 1173-4.
199. *Ibid.*, IV, 5, v. 1162 sq.
200. *Ibid.*, II, 2, v. 387 sq.
201. *Ibid.*, V, 6, v. 1409 sq.
202. *Brit.*, II, 2, v. 476-7.
203. *Ibid.*, I, 1, v. 30.
204. *Ibid.*, II, 2, v. 163.
205. *Ibid.*, II, 2, v. 215 sq.
206. *Ibid.*, IV, 3, v. 1368 sq.
207. *Ibid.*, II, 2, v. 460 sq.
208. *Ibid.*, III, 2, v. 800.
209. *Ph.*, II, 1, v. 441-2.
210. *Ibid.*, IV, 6, v. 1240.
211. *Ibid.*, V, 6, v. 1582.
212. *Ibid.*, V, 1, v. 1344.
213. *Ibid.*, V, 3, v. 1445-6.
214. *Ibid.*, V, 6, v. 1584.
215. *Andr.*, I, 4, v. 320.
216. *Ph.* I, 3, v. 288.
217. *Mithr.*, IV, 5, v. 1383.
218. *Andr.*, V, 4, v. 1568.
219. *Ibid.*, V, 4, v. 1567.
220. *Ibid.*, V, 4, v. 1574.
221. *Ibid.*, V, 4, v. 1570.
222. *Ibid.*, V, 2, v. 1490.
223. *Ibid.*, V, 4, v. 1581.
224. *Ibid.*, V, 5.
225. *Ibid.*, IV, 1, v. 1085.
226. Quinault, *les Rivales* (1653), v, 4. — *Phèdre*, I, 3, v. 310.
227. *O.C.* (Pléiade), tome II, p. 801-802.
228. *Plaid.*, I, 1, v. 37.
229. *Ph.*, préface.
230. *Bér.*, préface.
231. *Ibid*, I, 4, v. 272-4.
232. *Ph.*, III, 3, v. 851-2.
233. *Ibid.*, III, 1, v. 759-61.
234. *Ph.*, IV, 2, v. 1090.
235. *Brit.*, IV, 4, v. 1474.
236. *Baj.*, III, 3, v. 916.
237. *Baj.*, I, 4, v. 393.
238. *Iph.*, IV, 4, v. 1266.
239. *Ibid.*, IV, 9, v. 1466-9.
240. *Brit.*, II, 2, v. 499.
241. *Ibid.*, II, 2, v. 384.
242. *Ibid.*, III, 1, v. 790.
243. *Baj.*, I, 1, v. 115-8.
244. *Ibid.*, V, 11, v. 1701.
245. *Ibid.*, II, 5, v. 738.
246. *Andr.*, préface.
247. *Ibid.*, IV, 5, v. 1277.
248. *Brit.*, I, 4, v. 339-42.
249. *Iph.*, I, 2, v. 249.
250. *Brit.*, préface.
251. *Ph.*, V, 1, v. 1375.

252. *Iph.*, v, 3, v. 1666.
253. Euripide, *Iphigénie en Aulide*, v. 1398 sq.
254. *Iph.*, v, 2, v. 1539.
255. *Ph.*, II, 1,
256. *O.C.* (Pléiade), tome II, p. 879.
257. *Ph.*, II, 5, v. 704-5.
258. *Ath.*, III, 7, v. 1142.
259. *Deuxième livre des Chroniques*, XXIV, 22.
260. *Ath.*, III, 7, v. 1173.
261. L'expression est de Lanson.
262. *Ath.*, v, 6, v. 1784.
263. *Ibid.*, I, 1, v. 139.
264. *Ibid.*, I, 1, v. 122.
265. *Ibid.*, I, 1, v. 10.
266. *Ibid.*, I, 2, v. 285.
267. *Ibid.*, II, 9, v. 778.
268. *Les Plaideurs*, II, 1, v. 299 sq.
269. Jean Pommier, *Aspects de Racine*, Paris, Nizet, 1954.
270. Marc Bloch, *les Rois thaumaturges*, rééd. Paris, A. Colin, 1961, p. 345 sq.
271. *Brit.*, IV, 4, v. 1471 sq.
272. *Ath.*, III, 3, v. 931 sq.
273. Marc Bloch, *Apologie pour l'histoire*, Paris, A. Colin, 1952, p. 77.
274. Jean-Jacques Roubine, « La stratégie des larmes au XVIIe siècle », *Littérature*, nº 9, fév. 1973, p. 56-73.
275. *Ath.*, préface.
276. *Andr.*, v, 8, v. 1543.
277. *Ph.*, IV, 6, v. 1233.
278. *Ath.*, v. 117 et 506.
279. *Ph.*, v, 6, v. 1565-7.
280. *Bér.*, v, 7, v. 1502 sq.

Quelques dates

Avant J.-C.

1184 Prise de Troie. (Date pour nous plus que problématique, mais acceptée généralement à l'époque de Racine. L'action d'*Iphigénie* se situe dix ans plus tôt ; celle de *Phèdre* et celle de *la Thébaïde*, plus tôt encore ; celle d'*Andromaque*, quelques années après.)

835 Mort d'Athalie.

vers 800 Homère (date évidemment controversée).

vers 500 Histoire d'Esther. La date est controversée à l'époque classique, car on ne sait pas à quel roi de Perse identifier Assuérus. La question ne se pose plus depuis que l'on s'accorde à voir dans le *Livre d'Esther* une pure fiction.

(?) 428 Euripide : *Hippolyte*.

427 Euripide : *Andromaque*.

405 Euripide : *Iphigénie à Aulis*.

323 Mort d'Alexandre.

63 Mort de Mithridate.

Après J.-C.

55	Mort de Britannicus.
65	Mort de Sénèque, auteur d'une *Phèdre* également appelée *Hippolyte*.
(?) 73	Rupture de Titus et de Bérénice.
1516	Arioste : *Roland furieux*.
1575	Le Tasse : *Jérusalem délivrée*.
1635	Meurtre de Bajazet.
5 sept. **1638**	Naissance de Louis XIV.
22 déc. **1639**	Naissance de Racine.
28 janv. **1641**	Mort de la mère de Racine.
6 fév. **1643**	Mort du père de Racine.
1648	La Fronde.
1649-1653	Premier séjour de Racine à Port-Royal. Il y fait ses trois classes de grammaire et sa première classe de lettres.
31 mai **1653**	Le pape condamne cinq propositions de Jansénius, ou attribuées à Jansénius. Les jansénistes admettent que ces propositions sont condamnables, mais nient qu'elles se trouvent dans Jansénius. D'où une querelle infinie, où joue un rôle important un « formulaire » que l'autorité royale veut les contraindre à signer.
1653-1655	Séjour de Racine au collège de la ville de Beauvais. Seconde classe de lettres et classe de rhétorique.
1655-1658	Second séjour à Port-Royal ; étude approfondie du grec.
1656-1657	Pascal : *les Provinciales.*
1659	Racine à Paris. Classe de philosophie au collège d'Harcourt.
1660	*La Nymphe de la Seine*, ode. *Amasie*, tragédie (perdue).
1661	
fév.	Ordre aux supérieures de Port-Royal de renvoyer leurs pensionnaires, leurs novices et leurs postulantes.
9 mars	Mort de Mazarin. Début du pouvoir personnel de Louis XIV.
5 sept.	Sur l'ordre du roi, D'Artagnan arrête Fouquet. Racine écrit une tragédie sur Ovide (perdue) et *les Bains de Vénus*, poème (également perdu).
oct. **1661** à déc. **1662**	Séjour de Racine à Uzès. Annotations et remarques sur Homère.
1663	Racine : *Ode sur la Convalescence du Roi ; la Renommée aux Muses*, ode. Quinault : *Astrate ou l'Anneau Royal de Tyr*, tragédie qui obtient un immense succès. « Le Roi fait donner des pensions aux gens de lettres. »
1664	
20 juin	Première représentation de *la Thébaïde*, chez Molière. Succès très médiocre.
22 août	Racine est inscrit pour 600 livres (c'est peu) sur la première

	liste régulière de gratifications aux savants et hommes de lettres. La pension augmentera par la suite : en 1679, elle est de 2 000 livres.
26 août	Après enquête, descente de police, conduite par l'archevêque de Paris, au monastère de Port-Royal de Paris. On « ôte » douze religieuses pour les disperser en différents couvents.
1665	Mort du peintre Nicolas Poussin.
4 déc.	Première représentation d'*Alexandre*, chez Molière. Franc succès.
18 déc.	Racine fait également jouer sa pièce par les comédiens de l'hôtel de Bourgogne, qui joueront toutes les autres pièces profanes. Rupture avec Molière. Contrairement à ce qui a été dit, c'est plus tard que la Du Parc quittera la troupe de Molière pour rejoindre celle de l'hôtel de Bourgogne.
janv. **1666**	*Lettre à l'auteur des Hérésies Imaginaires*. Contre Port-Royal, Racine défend le théâtre ; il égratigne sans ménagement ses adversaires. Rupture avec Port-Royal. Une seconde lettre dans le même ton ne sera pas publiée.
17 nov. **1667**	Première d'*Andromaque*. C'est la Du Parc qui joue le rôle d'Andromaque. Triomphe. Guerre dite de Dévolution. Victoires françaises.
1668	
mai	Paix d'Aix-la-Chapelle.
nov.	*Les Plaideurs*.
10 nov.	Naissance du compositeur François Couperin.
13 déc.	Mort de la Du Parc.
13 déc. **1669**	Première de *Britannicus*.
1670	
21 nov.	Première de *Bérénice*. Bérénice est le premier grand rôle de la Champmeslé.
28 nov.	Première de *Tite et Bérénice* de Corneille. (Il est probable que Racine, ayant appris que Corneille préparait une tragédie sur ce sujet, a entrepris de le « doubler », comme on disait alors. L'histoire d'un concours organisé entre les deux poètes par une noble dame est une pure légende.)
5 janv. **1672**	Première de *Bajazet*. Début de la guerre avec la Hollande. Passage du Rhin, un des hauts faits de l'héroïque et invincible monarque. A cette date, Racine a déjà mis de côté 8 300 livres, qui lui font 700 livres de rente.
1673	
janv.	Première de *Mithridate*.
12 janv.	Réception de Racine à l'Académie française. Son élection a été imposée par le roi.

Pyrame et Thisbé, tragédie d'un jeune auteur nommé Pradon.

Cadmus et Hermione, premier opéra de Lulli, livret de Quinault.

1674   Racine est nommé trésorier de France. Cette charge rapporte 2 400 livres par an, Racine ne l'a pas achetée ; c'est un cadeau du roi.

18 août   *Iphigénie* est créée à la Cour.

31 déc.   *Iphigénie* est créée à Paris.

Alceste, opéra de Lulli et Quinault.

1675   La troupe de Molière joue une *Iphigénie* de Le Clerc et Coras, un peu tard pour « doubler » celle de Racine. Aucun succès.

Andromaque traduite en anglais et jouée à Londres.

1677

1er janv.   *Phèdre.*

3 janv.   *Phèdre et Hippolyte*, de Pradon. Cabale. « Guerre des sonnets. » Le public se partage. Mais il n'est pas vrai que la pièce de Racine soit tombée, et encore moins qu'elle se soit jouée devant une salle vide parce que ses adversaires auraient retenu toutes les places.

1er juin   Mariage de Racine avec une femme qui n'a jamais lu et ne lira jamais ses ouvrages, qui lui apporte une honnête fortune, à peu près égale à la sienne, et fera sept enfants en quatorze ans, soit un tous les deux ans.

11 sept.   Gratification de 6 000 livres à Racine et à Boileau, « en considération de divers ouvrages auxquels ils travaillent par mon ordre ». Racine est donc devenu historiographe.

1678

mars   Racine et Boileau suivent le roi dans sa campagne contre Gand.

10 août   Paix de Nimègue, qui met fin à la guerre contre la Hollande. Traduction hollandaise d'*Andromaque*.

Le Comte d'Essex, tragédie de Thomas Corneille.

21 nov. **1679**   Dans un interrogatoire devant la Chambre ardente, la Voisin accuse Racine d'avoir empoisonné la Du Parc. L'affaire n'aura pas de suites sérieuses.

Il paraît à la fois trois traductions hollandaises de *Mithridate*.

1680   Projet d'un opéra, *la Chute de Phaéton*, dont Racine et Boileau feraient le livret. Quinault finit par emporter la commande.

1683   Mort de la reine Marie-Thérèse. Louis XIV épouse la marquise de Maintenon.

Racine et Boileau l'accompagnent en Alsace.

1684   *Éloge historique du Roi sur ses conquêtes depuis l'année*

1672 jusqu'en 1678 : tout ce qui subsiste de l'œuvre historique de Racine et Boileau.

1er oct. Mort de Corneille qui, depuis 1674, date de *Suréna*, n'a plus écrit pour le théâtre.

Iphigénie est jouée à la cour de Suède par la comtesse Marie-Aurore de Königsmarck et d'autres nobles dames.

1685

2 janv. Directeur de l'Académie française, Racine reçoit Thomas Corneille et prononce l'éloge de Pierre Corneille.

7 avril Lettre du grand Arnauld à Racine. Début, très prudent, d'une réconciliation.

16 juil. On chante, à Sceaux, l'*Idylle sur la Paix*. Paroles de Racine, musique de Lulli.

18 oct. Révocation de l'édit de Nantes.

1686 Longepierre : *Parallèle de Monsieur Corneille et de Monsieur Racine*. Premier exemple d'un exercice rhétorique promis à un bel avenir.

1687

janv. Pour régaler les ambassadeurs du Siam, Monsieur leur fait donner *Bajazet*.

mai Racine accompagne le roi qui va voir les fortifications de Luxembourg.

9 août Lettre de Boileau à Racine : « Vous faites bien de cultiver Mme de Maintenon. »

26 janv. **1689** *Esther* est représentée à Saint-Cyr. « Le Roi l'a trouvée admirable ; Monsieur le Prince y a pleuré » (Mme de Sévigné).

13 déc. **1690** Racine reçoit la charge de gentilhomme ordinaire du roi.

1691

janv. *Athalie* est représentée à Saint-Cyr, sans décors ni costumes.

mars Racine accompagne le roi au siège de Mons.

Athalie est traduite en allemand. Mais il semble qu'en France le succès ait été moindre que celui d'*Esther*. Arnauld préfère *Esther*.

1693 Racine accompagne le roi dans sa campagne en Flandre. Ce sera la dernière campagne de Louis XIV.

1694

19 mars Lettre d'Arnauld à Du Vaucel : « Il faut aussi que vous sachiez que parmi les gens du monde, nous n'avons point de meilleurs amis que lui [i.e. Boileau] et son compagnon M. Racine. »

2 oct. Les *Cantiques spirituels* de Racine sont chantés devant le roi. Moreau a fait la musique, comme il avait fait celle d'*Esther* et celle d'*Athalie*.

Mort d'Arnauld. Racine se serait fait remarquer en assis-

184

tant, seul de toute la Cour, au service célébré à Port-Royal des Champs.

fév. **1696**   Racine est reçu en l'un des cinquante offices de conseiller secrétaire du roi.

(?) 1697   *Abrégé de l'histoire de Port-Royal.*

mars **1698**   Un bref incident avec Mme de Maintenon donnera naissance, plus tard, à la légende de la demi-disgrâce.

21 avril **1699**   Mort de Racine.

1724   Adrienne Lecouvreur joue *Bérénice*.

1733   *Hippolyte et Aricie*, opéra de Rameau. Racine à la crème.

1743   Débuts de la Clairon, qui jouera Roxane, Phèdre, et autres rôles.

1747   *Mémoires* de Louis Racine. L'hagiographie pure et niaise.

1751   Voltaire, *le Siècle de Louis XIV*. Fondation d'un grand mythe.

1799   La Harpe, *le Lycée ou Cours de Littérature*, énorme manuel, très modérément original, promis au plus grand avenir. On y consacre l'image d'un Racine sensible et élégant.

1823   Stendhal, *Racine et Shakespeare*. Tentative pour secouer le joug de la tragédie classique, telle que les doctes la présentent ; recherche de nouvelles techniques. C'est, si l'on veut, un manifeste romantique.

nov. **1838**   Rachel joue la Roxane de *Bajazet*. Son légitime succès est favorisé par une éphémère réaction classique contre les « excès romantiques ».

24 janv. **1843**   Rachel joue *Phèdre*.

1840-1860   Sainte-Beuve écrit son *Port-Royal*.

1873   Sarah Bernhardt joue *Phèdre*.

1908   Jules Lemaître, *Racine*. « Les forces élémentaires, les instincts primitifs déchaînés sous la plus fine culture intellectuelle et même morale. »

1928   Mauriac, *la Vie de Jean Racine*.

1935   Thierry Maulnier, *Racine*. « L'art racinien est le plus civilisé parce qu'il est le plus instinctif. [...] Le plus fabuleux et le plus féroce des théâtres. » Le livre est dédié à Charles Maurras.

1940   *Phèdre*, mise en scène de Gaston Baty. Marguerite Jamois est Phèdre.

1965   La grande querelle.

Quelques livres

Parmi les nombreuses éditions de Racine aujourd'hui accessibles, la plus utile est sans doute celle que Raymond Picard a donnée chez Gallimard, dans la Bibliothèque de la Pléiade. Nous avons utilisé la réédition de 1976 du tome I et celle de 1966 du tome II. On y trouve, en deux volumes, tous les textes de l'écrivain, des précisions historiques suffisantes et un commentaire littéraire discret et pertinent.

On retiendra les volumes de la collection « Mise en scène » (Éditions du Seuil) et, particulièrement, la *Phèdre* annotée par Jean-Louis Barrault (Paris, 1946 ; réédition dans la collection « Points »).

Jean-Jacques Roubine, dans *Lectures de Racine* (Paris, A. Colin, 1971), a donné une précieuse histoire de la critique racinienne des origines à nos jours. L'éventail est large ; les citations, nombreuses et fournies ; les analyses, précises et justes.

Parmi les essais récents consacrés à Racine, une place de choix revient au livre d'Odette de Mourgues, *Racine or the Triumph of relevance* (Cambridge, 1967), dont il existe une version française sous le titre *Autonomie de Racine* (Paris, José Corti, 1967).

On ne peut se dispenser de lire le *Sur Racine* de Roland Barthes (Paris, Seuil, 1963), non pas parce qu'il représenterait une charte de la « nouvelle critique », mais parce que c'est un livre fourmillant d'idées, de suggestions, de vues originales. Livre audacieux, qui stimule la recherche et la discussion. Rien ne serait plus absurde que d'y chercher une doctrine à accepter ou à refuser en bloc.

Si l'on préfère les auteurs plus dogmatiques, on pourra lire, de Lucien Goldmann, *le Dieu caché* (Paris, Gallimard, 1955) et, moins massif, *Racine dramaturge* (Paris, l'Arche, 1956 ; rééditions sous le titre *Racine*) ; de Charles Mauron, outre *l'Inconscient dans l'œuvre et la vie de Jean Racine* (Gap, Ophrys, 1957), le livre posthume sur *Phèdre* (Paris, José Corti, 1968).

Pour la biographie, on ne peut que se reporter au livre de Raymond Picard, *la Carrière de Jean Racine* (Paris, Gallimard, 1956), qui est à la fois un examen sans défaut d'une immense documentation et une passionnante étude d'histoire des mentalités. Le *Nouveau Corpus Racinianum* (Paris, CNRS, 1976), recueil de textes du XVIIe siècle ayant trait à Racine, est un instrument de travail très précieux.

Crayon attribué à Jean-Baptiste Racine et fait
probablement d'après le portrait de Santerre.

La notoriété de l'auteur oblige peut-être à mentionner *la Vie de Jean Racine*, de François Mauriac (Paris, 1928 ; plusieurs rééditions). C'est une belle légende.

On trouvera dans le petit volume de Alain Niderst, *Racine et la tragédie classique* (Paris, PUF., 1978) l'essentiel de la bibliographie récente et moins récente.

Sur quelques sujets particuliers, notons : *le Sacré dans les tragédies profanes de Racine*, de Maurice Delcroix (Paris, Nizet, 1970) ; la très importante synthèse de Roy-C. Knight, *Racine et la Grèce* (Paris, Boivin, 1951) ; la brève et précieuse étude de Georges May, *D'Ovide à Racine* (Paris, 1949), qui poursuit, sur plusieurs siècles, une certaine tradition de la poésie amoureuse, trop rapidement nommée « courtoise » ou « pétrarquiste ».

Si l'on veut bien se souvenir que Racine a écrit pour la scène et non pour le commentaire, scolaire ou non, on devra lire le livre de M. Descotes, *les Grands Rôles du théâtre de Jean Racine* (Paris, PUF, 1957), où l'on trouvera de nombreuses indications sur les grands interprètes et leur manière de jouer et ce, depuis la création des tragédies. On n'oubliera pas que l'étude un peu sérieuse des pièces classiques exige la lecture de l'ouvrage de Jacques Schérer, *la Dramaturgie classique en France* (Paris, Nizet, 1950).

Sur le rôle de la rhétorique dans l'œuvre de Racine, l'ouvrage de base reste *Racine's Rhetoric*, de P. Frances (Oxford, 1965), qui n'est malheureusement pas traduit en français.

Sur la rhétorique en général, on trouvera dans le numéro 16 de la revue *Communications* (1970) des renseignements, des réflexions, et une bibliographie. La place et la signification de la rhétorique dans l'enseignement classique sont étudiées dans un chapitre bref et lumineux du livre de Georges Snyders, *la Pédagogie en France aux XVIIe et XVIIIe siècles* (Paris, PUF, 1965).

Enfin, sur la question de la croyance et de ses rapports avec le masque, on gagnera beaucoup à lire, bien qu'il n'y soit pas question de Racine, le recueil d'O. Mannoni, *Clefs pour l'Imaginaire* (Paris, Seuil, 1969), et notamment le premier article intitulé : « Je sais bien... mais quand même. »

Illustrations

Bernand : 14c, 15, 32, 35, 43, 73a, 77, 83, 102, 113, 130c. — Bibliothèque de l'Arsenal : 12a, c, 14b, 72c, 166/167. — Bibliothèque nationale : 2, 12b, 19, 21, 27, 49, 56, 65, 72a, 130a, 150, 151, 154, 155, 176, 186. — Bulloz : 145. — Archives J.-L. Charmet : 3cv., 11, 12c, 72b, 131b. — Archives Comédie-Française : 13, 68a, b, 72c, 74c, 130b. — Giraudon : 175. — E. Hartwig (Varsovie) : 130d. — Musée de Caen : 172b. — Musée de Langres : 173a. — Musée de Limoges : 172c. — Musée du Louvre : 2cv., 14a. — Musée de Versailles : 146, 172a, 173b. — Roger Viollet : 4/5, 6, 43, 69a, b, 73b, 173c. — Nicolas Treatt : 97, 120, 131a.
© ADAGP 1981 : 65, 68b.

P. 2 cv. : Deux femmes drapées (sanguine de Lebrun) ; p. 3 cv. : Andromaque (dessinée par Chéry, gravée par Alix, 1790).

Table

Ce livre, le cent sixième de la collection « Écrivains de toujours » dirigée par Denis Roche, a été réalisé par Anne Wolff

collections microcosme
ÉCRIVAINS DE TOUJOURS

 # LE TEMPS QUI COURT

collections microcosme
PETITE PLANÈTE

 ## PETITE PLANÈTE / VILLES

 ## SOLFÈGES

collections microcosme
DICTIONNAIRES

 # MAITRES SPIRITUELS

LE RAYON DE LA SCIENCE

ACHEVÉ D'IMPRIMER EN 1981 PAR L'IMPRIMERIE TARDY QUERCY S.A. A BOURGES
D. L. 1er trim. 1981 - No 5785 (9966)